オールカラー

小学校5年生の英語が1冊でしっかりわかる本

毎年130万人以上に教える
人気英語講師
関 正生

かんき出版

はじめに
保護者のみなさまへ

「小学校での英語必修化」が開始された2020年度は、新型コロナウィルスの影響により、学校現場にも大混乱が起き、不安なスタートとなりました。当然、学校では健康面・安全面が最優先されるわけで、英語の授業はないがしろになってしまうケースもあったと、現場の先生からも聞きました。

その数年前から、小学校英語に関して私が抱いていた不安は「表現の丸暗記・英文法（英語の理屈）の軽視」というものでした。会話表現を中心に学ぶのはいいのですが、常に表現の暗記になって、その表現の意味・使われる意義・理屈などが説明されることはないだろうという不安でした。その「丸暗記中心の学習」は、新型コロナウィルスの影響による授業時間の短縮で、よりいっそう強まってしまったようです。

しかしこれは裏を返せば、「脱丸暗記（きちんと理解しながら英語を身につける）」という本書の目標・役割が、ますます効果を発揮するはずだという思いにいたりました。

この本は「学校の授業・教科書を理解できる」ということを成しとげるのは当然として、きちんとその理屈を理解できるよう、（おそらくないがしろにされるであろう）英文法をしっかりと解説していきます。**真の意味で「英語を理解する」ことをめざします**。

それによって、「将来も使える英語」の基礎を築きます。しかしこの言葉は常に曖昧（あいまい）にされて使われるので、ここではより明確に「将来」と「使える」を定義したいと思います。

まず**「近い将来」として、中学校に入ったとき、学習内容がスムーズにつながること**を意識しています。小学校のときに表現の暗記ですませてしまうことで、中学校の文法の授業でつまずくことがよくありますが、それを完全に解消できるわけです。さらに**「使える」とは、中学校のテスト・高校受験・英検で得点になるということ**です。

また、**「遠い将来」として学校英語にとどまらない内容**にも触れていきます。教科書に出てきてはいるけれど、しっかり触れられないことにも解説を加えます。たとえば「Hello よりも Hi のほうが実際の会話で使われること」は、大人でも知らない人のほうが多いかもしれません。さらに教科書の内容を超えたことを含めたのも本書の大きな特長の１つです。**実際のネイティブの会話（教科書っぽい短く簡単なやりとりではないもの）まで収録しました。**

保護者の方は「そんな難しいこと、大丈夫なの？」と心配されるかもしれませんが、ほかの科目を見てください。国語・算数・理科など、それなりに高度なことを学んでいます。なのになぜか英語だけおそるおそる……というアプローチなのです。この従来のやりかたでは、簡単すぎて力を持てあまし、その結果、英語は簡単なものだと誤解して（要は、なめてしまう）、その結果、中学に入ると、とたんにできなくなる、英語嫌いになる中高生をたくさん生み出してしまうのです。

本書では、**小学校高学年のポテンシャルを最大限に引き出す絶妙なレベル設定をしています**。もちろんいたずらに難しいことをするのではなく、基礎からきっちり解説していきます。実はみんな英語が好きなのです。そして英語の理屈を知ることが大好きなのです。どうぞ楽しみながら、本書で英語をマスターしていってください。

関 正生

『小学校5年生の英語が1冊でしっかりわかる本』の4つの強み

その1 文法の解説が充実しているから、中学でもつまずかない！

2020年度から、小学校高学年で外国語学習がはじまりました。しかし、小学校では英会話を軸に学習を進めるため、「中学校での読み書きの学習にスムーズに移行できない」「文章の構造についての知識が不足する」という課題があります。

そこで本書では、小学校で英語学習をはじめる段階でしっかり文法に触れておくことで、中学校に進学してからの英語学習の土台を作ります。

その2 たくさんの単語や表現が身につけられる！

教科書の範囲の会話表現はもちろん、関連するたくさんの単語や表現の解説を盛りこみました。各レッスンの大切なポイントを理解しながら語彙（ごい）を増やし、表現の幅を広げていくことができます。

その3 「基本」にくり返し触れることができる！

重要な英語表現についての解説→基本の英会話→練習問題でおさらい→ネイティブの英会話、という学習の流れのなかで、基本となる英語表現を異なる形式でくり返し触れることができるように構成しました。

その4 対話文の解説といっしょに、自然な日本語訳も学べる！

「基本の英会話を身につけよう」では、英文についての解説があります。また、一般的な学習での「日本語訳」の他に、「“自然な”日本語訳」もつけています。小学生向けの参考書でこれらをカバーしているものは、実はなかなかありません。きちんと納得しながら読み進めていくことができます。

この本の使いかた

はじめて英語の学習をする人のために、むずかしい用語は使わずに、とにかく読みやすさを第一に考えてつくりました。日常で使う会話を読んでいくうちに、大切な英語表現が自然と身についていきます。次の１～５の流れで、１つのレッスンを学んでいきましょう。

1 大切な文のポイントを学ぶ

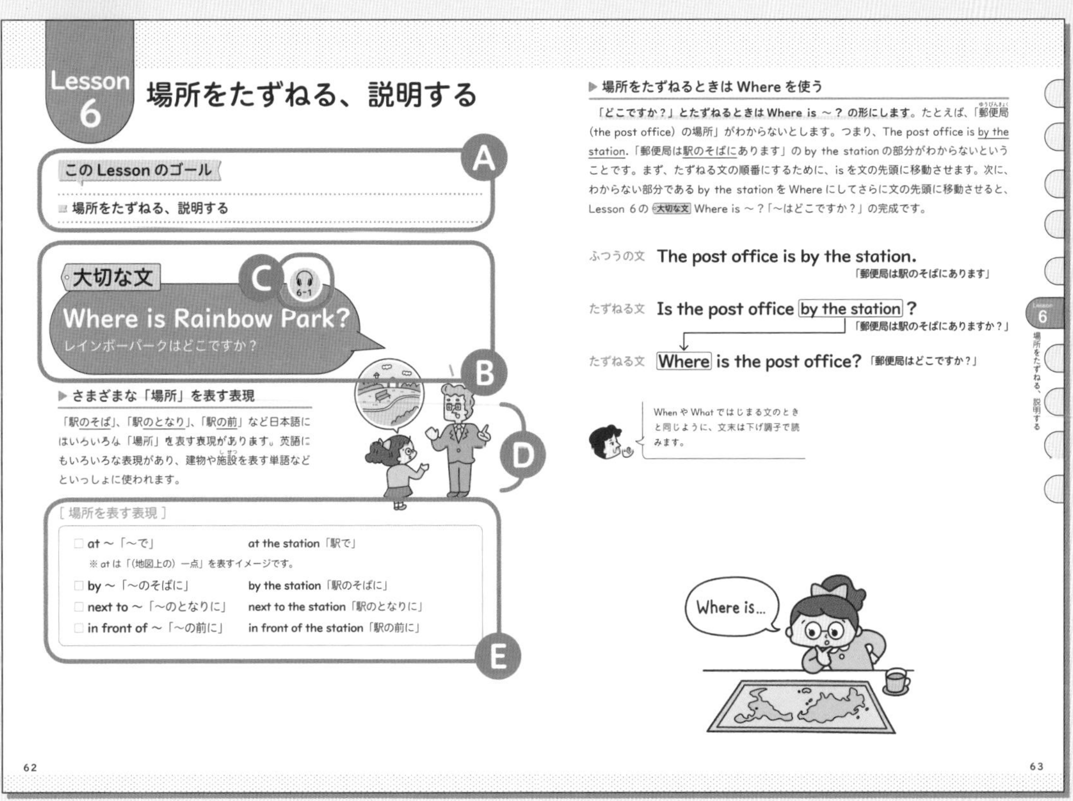
Lesson 6 場所をたずねる、説明する

A この Lesson のゴール
場所をたずねる、説明する

B 大切な文 C 6-1
Where is Rainbow Park?
レインボーパークはどこですか？

D ▶ さまざまな「場所」を表す表現
「駅のそば」、「駅のとなり」、「駅の前」など日本語にはいろいろな「場所」を表す表現があります。英語にもいろいろな表現があり、建物や施設を表す単語などといっしょに使われます。

E [場所を表す表現]

at ～「～で」	at the station「駅で」
※ at は「(地図上の) 一点」を表すイメージです。	
by ～「～のそばに」	by the station「駅のそばに」
next to ～「～のとなりに」	next to the station「駅のとなりに」
in front of ～「～の前に」	in front of the station「駅の前に」

▶ 場所をたずねるときは Where を使う

「どこですか？」とたずねるときは Where is ～？の形にします。たとえば、「郵便局(the post office) の場所」がわからないとします。つまり、The post office is by the station.「郵便局は駅のそばにあります」の by the station の部分がわからないということです。まず、たずねる文の順番にするために、is を文の先頭に移動させます。次に、わからない部分である by the station を Where にしてさらに文の先頭に移動させると、Lesson 6 の 大切な文 Where is ～？「～はどこですか？」の完成です。

ふつうの文 The post office is by the station.「郵便局は駅のそばにあります」

たずねる文 Is the post office by the station?「郵便局は駅のそばにありますか？」

たずねる文 Where is the post office?「郵便局はどこですか？」

When や What ではじまる文のときと同じように、文末は下げ調子で読みます。

62 63

A 各レッスンでどんなことが学べるのか、どんな力が身につくかがわかります

B 各レッスンで一番覚えておきたい表現です

C 🎧マークがついているところは、音声を聴きながら学習できます。音声ダウンロードの手順は、8ページを参照してください

D 大切な文 についての解説です。文の組み立てかたや、日本語に訳すときのポイントを知りましょう

E いっしょに覚えておくと便利な単語や表現をまとめています

2 ことばの意味について知る

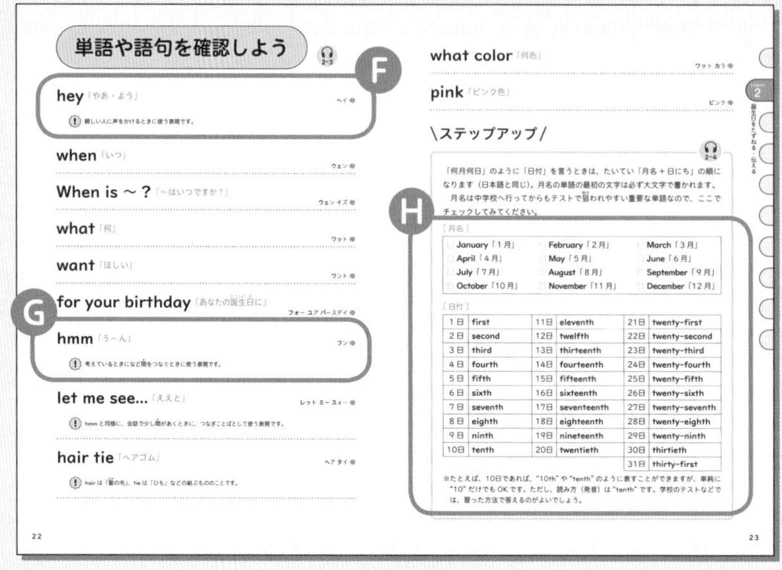

単語や語句を確認しよう

2-3

F

hey「やあ・よう」 ヘイ
親しい人に声をかけるときに使う表現です。

when「いつ」 ウェン

When is ～？「～はいつですか？」 ウェン イズ

what「何」 ワット

want「ほしい」 ワント

for your birthday「あなたの誕生日に」 フォー ユア バースデイ

G

hmm「う～ん」 フン
考えているときになど間をつなぐときに使う表現です。

let me see...「ええと」 レット ミー スィー
hmm と同様に、会話で少し間があくときに、つなぎことばとして使う表現です。

hair tie「ヘアゴム」 ヘア タイ
hair は「髪の毛」、tie は「ひも」などの結ぶもののことです。

22

what color「何色」 ワット カラ

pink「ピンク色」 ピンク

\ステップアップ/

2-4

「何月何日」のように「日付」を言うときは、たいてい「月名＋日にち」の順になります（日本語と同じ）。月名の単語の最初の文字は必ず大文字で書かれます。
月名は中学校へ行ってからもテストで狙われやすい重要な単語なので、ここでチェックしてみてください。

H

［月名］

January「1月」	February「2月」	March「3月」
April「4月」	May「5月」	June「6月」
July「7月」	August「8月」	September「9月」
October「10月」	November「11月」	December「12月」

［日付］

1日	first	11日	eleventh	21日	twenty-first
2日	second	12日	twelfth	22日	twenty-second
3日	third	13日	thirteenth	23日	twenty-third
4日	fourth	14日	fourteenth	24日	twenty-fourth
5日	fifth	15日	fifteenth	25日	twenty-fifth
6日	sixth	16日	sixteenth	26日	twenty-sixth
7日	seventh	17日	seventeenth	27日	twenty-seventh
8日	eighth	18日	eighteenth	28日	twenty-eighth
9日	ninth	19日	nineteenth	29日	twenty-ninth
10日	tenth	20日	twentieth	30日	thirtieth
				31日	thirty-first

※たとえば、10日であれば、"10th" や "tenth" のように表すことができますが、単純に "10" だけでも OK です。ただし、読み方（発音）は "tenth" です。学校のテストなどでは、習った方法で答えるのがよいでしょう。

Lesson 2 誕生日をたずねる・伝える

23

F このあとで学ぶ「基本の英会話を身につけよう」で登場する単語や語句です。意味と読みかたをしっかり理解しましょう

G 単語は丸暗記になりがちですが、記憶によく残るように、その単語に関するコメントや使い方などを説明しています

H 同じような英文をつくりたいときに役に立つ表現などをまとめています

3 基本の英会話を理解する

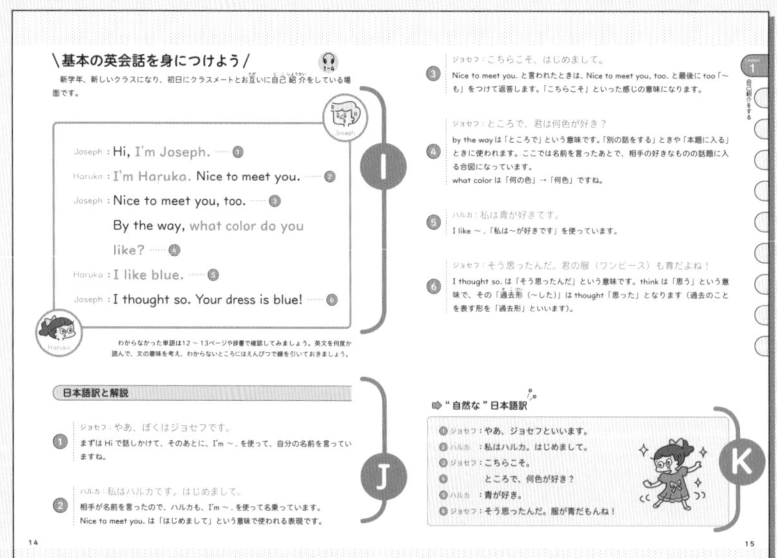

\基本の英会話を身につけよう/

1-4

新学年、新しいクラスになり、初日にクラスメートとお互いに自己紹介をしている場面です。

Joseph : Hi, I'm Joseph. …… ①
Haruka : I'm Haruka. Nice to meet you. …… ②
Joseph : Nice to meet you, too. …… ③
By the way, what color do you like? …… ④
Haruka : I like blue. …… ⑤
Joseph : I thought so. Your dress is blue! …… ⑥

I

わからなかった単語は12～13ページや辞書で確認してみましょう。英文を何度か読んで、文の意味を考え、わからないところにはえんぴつで線を引いておきましょう。

日本語訳と解説

J

① ジョセフ：やあ、ぼくはジョセフです。
まずは Hi で話しかけて、そのあとに、I'm ～. を使って、自分の名前を言っていますね。

② ハルカ：私はハルカです。はじめまして。
相手が名前を言ったので、ハルカも、I'm ～. を使って名乗っています。
Nice to meet you. は「はじめまして」という意味で使われる表現です。

14

③ ジョセフ：こちらこそ、はじめまして。
Nice to meet you. と言われたときは、Nice to meet you, too. と最後に too「～も」をつけて返答します。「こちらこそ」といった感じの意味になります。

④ ジョセフ：ところで、君は何色が好き？
by the way は「ところで」という意味です。「別の話をする」ときや「本題に入る」ときに使われます。ここでは名前を言ったあとで、相手の好きなものの話題に入る合図になっています。
what color は「何の色」→「何色」ですね。

⑤ ハルカ：私は青が好きです。
I like ～.「私は～が好きです」を使っています。

⑥ ジョセフ：そう思ったんだ。君の服（ワンピース）も青だよね！
I thought so. は「そう思ったんだ」という意味です。think は「思う」という意味で、その「過去形（～した）」は thought「思った」となります（過去のことを表す形を「過去形」といいます）。

➡ "自然な" 日本語訳

K

① ジョセフ：やあ、ジョセフといいます。
② ハルカ：私はハルカ。はじめまして。
③ ジョセフ：こちらこそ。
④ ところで、何色が好き？
⑤ ハルカ：青が好き。
⑥ ジョセフ：そう思ったんだ。服が青だもんね！

Lesson 1 自己紹介をする

15

I 日常で使う会話のやり取りです。音声を聴きながら読み進めましょう。音声は「英会話のみ」と「英会話と日本語訳」の2種類が聴けます

J 「基本の英会話を身につけよう」についての日本語訳とその解説です

K Jの日本語訳を、もっと親しみやすい自然な日本語にしたものです

4 練習問題でおさらいする

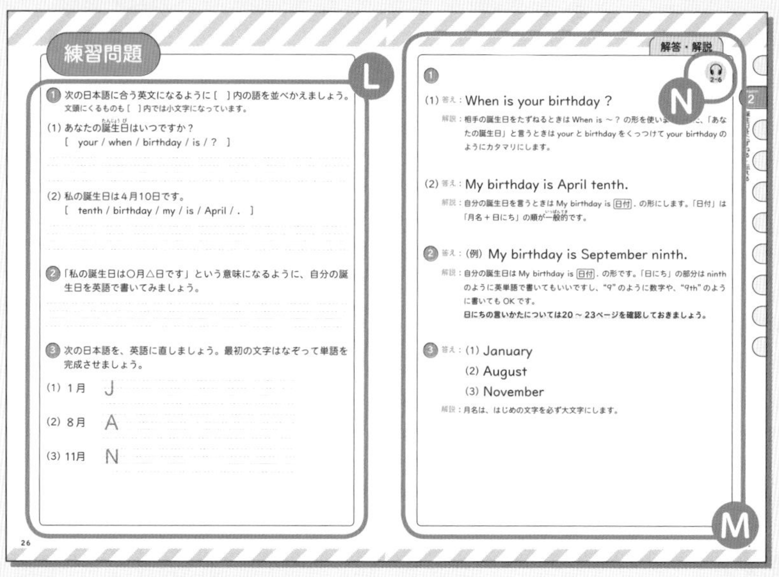
練習問題

1 次の日本語に合う英文になるように［ ］内の語を並べかえましょう。文頭にくるものも［ ］内では小文字になっています。

(1) あなたの誕生日はいつですか？
［ your / when / birthday / is / ? ］

(2) 私の誕生日は4月10日です。
［ tenth / birthday / my / is / April / . ］

2 「私の誕生日は○月△日です」という意味になるように、自分の誕生日を英語で書いてみましょう。

3 次の日本語を、英語に直しましょう。最初の文字はなぞって単語を完成させましょう。

(1) 1月 J
(2) 8月 A
(3) 11月 N

26

解答・解説

1
(1) 答え：When is your birthday ?
解説：相手の誕生日をたずねるときは When is ～？の形を使い、「あなたの誕生日」と言うときは your と birthday をくっつけて your birthday のようにカタマリにします。

(2) 答え：My birthday is April tenth.
解説：自分の誕生日を言うときは My birthday is 日付．の形にします。「日付」は「月名＋日にち」の順が一般的です。

2 答え：(例) My birthday is September ninth.
解説：自分の誕生日は My birthday is 日付．の形です。「日にち」の部分は ninth のように英単語で書いてもいいですし、"9" のように数字や、"9th" のように書いても OK です。
日にちの言いかたについては20～23ページを確認しておきましょう。

3 答え：(1) January
(2) August
(3) November
解説：月名は、はじめの文字を必ず大文字にします。

N 答え合わせが終わったら、音声を聴いて読みかたを確認しましょう

L

各レッスンで学んだことを復習する問題です。わからないところは、前のページを見ながらでもいいので、答えを書いてみましょう

M

左ページの問題の解答と解説です。まちがいやすいところや、覚えたいことがまとまっているので、答え合わせをしながら読みましょう

5 ネイティブが話す日常会話を体感する

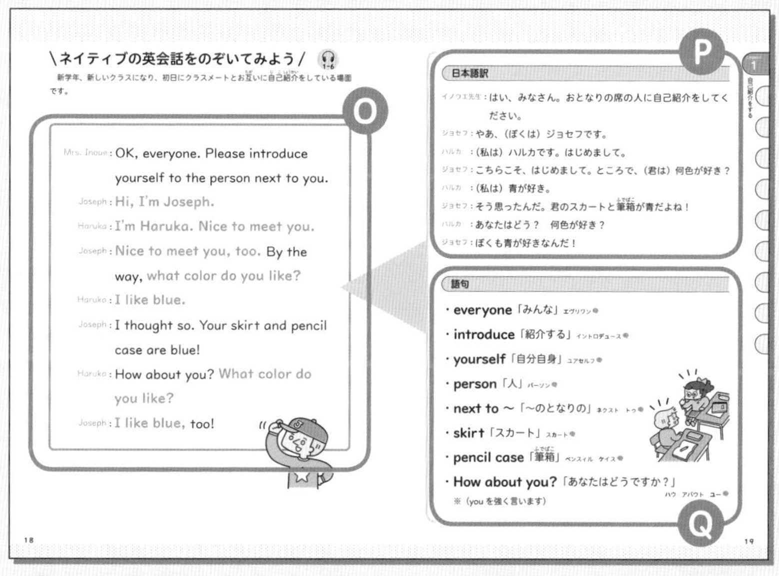
＼ネイティブの英会話をのぞいてみよう／ 1-6
新学年、新しいクラスになり、初日にクラスメートとお互いに自己紹介をしている場面です。

Mrs. Inoue : OK, everyone. Please introduce yourself to the person next to you.
Joseph : Hi, I'm Joseph.
Haruka : I'm Haruka. Nice to meet you.
Joseph : Nice to meet you, too. By the way, what color do you like?
Haruka : I like blue.
Joseph : I thought so. Your skirt and pencil case are blue!
Haruka : How about you? What color do you like?
Joseph : I like blue, too!

18

日本語訳
イノウエ先生：はい、みなさん。おとなりの席の人に自己紹介をしてください。
ジョセフ：やあ、（ぼくは）ジョセフです。
ハルカ　：（私は）ハルカです。はじめまして。
ジョセフ：こちらこそ、はじめまして。ところで、（君は）何色が好き？
ハルカ　：（私は）青が好き。
ジョセフ：そう思ったんだ。君のスカートと筆箱が青だよね！
ハルカ　：あなたはどう？　何色が好き？
ジョセフ：ぼくも青が好きなんだ！

語句
・everyone「みんな」エヴリワン
・introduce「紹介する」イントロデュース
・yourself「自分自身」ユアセルフ
・person「人」パーソン
・next to ～「～のとなりの」ネクスト トゥ
・skirt「スカート」スカート
・pencil case「筆箱」ペンスィル ケイス
・How about you?「あなたはどうですか？」ハウ アバウト ユー
※（you を強く言います）

19

P 左ページの会話の日本語訳です。場面をイメージしながら読んでみましょう

Q 左ページに登場する単語や語句の意味と解説です

O

「基本の英会話を身につけよう」の会話を、ネイティブが日常的に使っているときの長さ、文脈で確認してみましょう。なかには、教科書に載っているレベルよりもむずかしいものもあります。完璧にできるようになる必要はないので、「こんなふうに話せたらカッコイイな」と楽しみながら、読み進めてみてください

▶音声ダウンロードの手順

本書の🎧マークの下にある数字が音声ファイル内のトラック番号です。

1 パソコンかスマートフォンで音声ダウンロード用のサイトに（下記A、Bいずれかの方法で）アクセスします。

A　QRコード読み取りアプリを起動し、QRコードを読み取ってください。

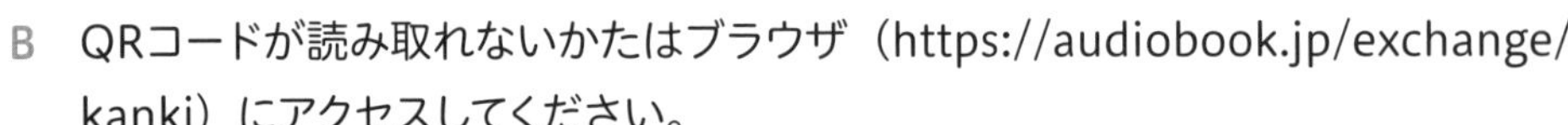

B　QRコードが読み取れないかたはブラウザ（https://audiobook.jp/exchange/kanki）にアクセスしてください。

※上記以外からアクセスされますと、無料のダウンロードサービスをご利用いただくことができませんのでご注意ください。

※URLは「www」などの文字を含めず、正確にご入力ください。

2 表示されたページから、audiobook.jpへの会員登録ページに進みます。

※音声ダウンロードには、audiobook.jpへの会員登録（無料）が必要です。

※すでにアカウントをお持ちの方はログインしてください。

3 会員登録後、❶のページに再度アクセスし、シリアルコードの入力欄に「30100」を入力して「送信」をクリックします。

※もし①のページがわからなくなってしまったら、一度audiobook.jpのページを閉じ、再度手順①からやり直してください。

4 「ライブラリに追加」のボタンをクリックします。

5 スマートフォンの場合はアプリ「audiobook」をインストールしてご利用ください。パソコンの場合は「ライブラリ」から音声ファイルをダウンロードしてご利用ください。

ご注意

- ダウンロードにはaudiobook.jpへの会員登録（無料）が必要です。
- パソコンからでもiPhoneやAndroidのスマートフォンからでも音声を再生いただけます。
- 音声は何度でもダウンロード・再生いただくことができます。
- 書籍に表示されているURL以外からアクセスされますと、音声をご利用いただけません。URLの入力まちがいにご注意ください。
- ダウンロードについてのお問合せ先：**info@febe.jp**（受付時間：平日の10時～20時）

特典 PDF のダウンロード方法

この本の特典として、小学校５年生で覚えておきたい英単語を、パソコンやスマートフォンからダウンロードすることができます。日常の学習に役立ててください。

1　インターネットで下記のページにアクセス

パソコンから

URL を入力

https://kanki-pub.co.jp/pages/mseigo5/

スマートフォンから

QR コードを読み取る

2　入力フォームに、必要な情報を入力して送信すると、ダウンロードページの URL がメールで届く

3　ダウンロードページを開き、ダウンロード をクリックして、パソコンまたはスマートフォンに保存

4　ダウンロードしたデータをそのまま読むか、プリンターやコンビニのプリントサービスなどでプリントアウトする

もくじ

Lesson 1

自己紹介(じこしょうかい)をする

このLessonのゴール

- 自己紹介ができる
- 「好きなもの」を聞く・言う

大切な文

1-1

Hi, I'm Joseph.

こんにちは、ぼくはジョセフです。

▶ 実はものすごくよく使われる"Hi"

教科書・参考書では、Hello「こんにちは」がよく使われていますが、**現実の会話ではHiのほうがよく使われます**（このことは大学生や大人でも知らない人のほうが多いんです）。Hiの意味はHelloと同じですが、Hiのほうがちょっと親しみがある表現です。

海外では、お店に行ったときも、最初はHiで店員と話します。ボクも海外のカフェに行くと、いきなり注文をするのではなく、まずはHiからはじめます。

▶ I'm ～

自分の名前を言うときは、I'm 自分の名前 . です。

I'mの発音は「アイム」ですが、**最後の「ム」の発音は、「ムゥ」としないで、唇(くちびる)をしっかり閉じます。**唇を閉じると「ン」に聞こえる感じになります。

大切な文

What animal do you like?
あなたはどんな動物が好きですか？

I like cats.
私はネコが好きです。

▶ like を使いこなそう

I like ～. は「私は～が好きです」という表現です。 I like ～. をたずねる文にすると、Do you like ～?「あなたは～が好きですか？」となります。

さらに、“～”の部分が what「何」になって、先頭に出ると、What do you like?「あなたは何が好きですか？」になります。最後に、What → “What+ ものの名前 ”にすると、この Lesson の 大切な文 の完成です。

ふつうの文　**I like ものの名前 .**　「私は～が好きです」

たずねる文　**Do you like ものの名前 ?**　「あなたは～が好きですか？」

たずねる文　**What do you like?**　「あなたは何が好きですか？」

たずねる文　**What + ものの名前 do you like?**　「あなたはどんな～が好きですか？」
（大切な文 の完成）

ほかにも以下のような言いかたができます。

What subject do you like?　「あなたは何の科目が好きですか？」

— I like arts and crafts.　「私は図工が好きです」　※ arts and crafts「図工」

What fruit do you like?　「あなたは何の果物（くだもの）が好きですか？」

— I like peaches.　「私はモモが好きです」　※ peach「モモ」

単語や語句を確認しよう

hi「こんにちは・やあ」

ハイ

hello よりもくだけた表現で、実際の会話では hello よりもよく使われます。

I'm ～ .「私は～です」

アイム

Nice to meet you.「はじめまして・よろしくお願いします」

ナイス トゥ ミート ユー

昔は「はじめまして」としか教えられませんでしたが、日本人は初対面のときによく「よろしくお願いします」と使うので、こういう訳しかたもできます。また、ふだんの会話ではmeet youの部分はくっついて「ミーチュ」のように発音されることが多いです。

by the way「ところで」

バイ ザ ウェイ

color「色」

カラ

like「好きだ」

ライク

blue「青」

ブルー

thought「思った」（think「思う」の過去形）

ソート

「ソウト」ではなく「ソート」と発音します。もしできるなら thought の「ソ」の部分は舌を上の歯にくっつけて（イラスト）発音してみましょう。

so「そう」

ソウ

意味も「そう」、発音も「ソウ」です。

your「あなたの」

ユア

dress「服・ワンピース」

ドゥレス

日本語で「ドレス」というと、きらびやかな衣装を想像しがちですが、英語の dress はふだん着のワンピースなどもふくみます。

\ステップアップ/

果物（くだもの）や動物などの好ききらいを言うときは、複数（ふくすう）形（けい）というものを使います（英語の世界では、２つ以上になるときは s などをつけて「複数」であることを示します。s などがついた形を「複数形」といいます）。

apple「リンゴ」の複数形は apples、cat「ネコ」の複数形は cats となります。複数形は単語の最後に s をつけるのが決まりですが、少しだけ細かいちがいがあるときもあります。たとえば strawberry「イチゴ」のときは、strawberr<u>ies</u> となります。

細かいことは少しずつ覚えていけばいいので、今は自分の好きなものの複数形だけをきちんと言える、書けるようにしておけば OK です。

\基本の英会話を身につけよう/

新学年、新しいクラスになり、初日にクラスメートとお互いに自己紹介をしている場面です。

Joseph

Joseph : Hi, **I'm Joseph.** …… 1

Haruka : **I'm Haruka.** Nice to meet you. …… 2

Joseph : Nice to meet you, too. …… 3

By the way, **what color do you like?** …… 4

Haruka : **I like blue.** …… 5

Joseph : I thought so. Your dress is blue! …… 6

わからなかった単語は12 ～ 13ページや辞書で確認してみましょう。英文を何度か読んで、文の意味を考え、わからないところにはえんぴつで線を引いておきましょう。

日本語訳と解説

1 ジョセフ：やあ、ぼくはジョセフです。

まずは Hi で話しかけて、そのあとに、I'm ～ . を使って、自分の名前を言っていますね。

2 ハルカ：私はハルカです。はじめまして。

相手が名前を言ったので、ハルカも、I'm ～ . を使って名乗っています。
Nice to meet you. は「はじめまして」という意味で使われる表現です。

3 ジョセフ：こちらこそ、はじめまして。

Nice to meet you. と言われたときは、Nice to meet you, too. と最後に too「～も」をつけて返答します。「こちらこそ」といった感じの意味になります。

4 ジョセフ：ところで、君は何色が好き？

by the way は「ところで」という意味です。「別の話をする」ときや「本題に入る」ときに使われます。ここでは名前を言ったあとで、相手の好きなものの話題に入る合図になっています。

what color は「何の色」→「何色」ですね。

5 ハルカ：私は青が好きです。

I like ～ .「私は～が好きです」を使っています。

6 ジョセフ：そう思ったんだ。君の服（ワンピース）も青だよね！

I thought so. は「そう思ったんだ」という意味です。think は「思う」という意味で、その「過去形（かこけい）（～した）」は thought「思った」となります（過去のことを表す形を「過去形」といいます）。

"自然な"日本語訳

1 ジョセフ：やあ、ジョセフといいます。
2 ハルカ　：私はハルカ。はじめまして。
3 ジョセフ：こちらこそ。
4 　　　　　ところで、何色が好き？
5 ハルカ　：青が好き。
6 ジョセフ：そう思ったんだ。服が青だもんね！

練習問題

1 次の日本語に合う英文になるように［　］内の語を並べかえましょう。
文頭にくるものも［　］内では小文字になっています。

(1) 私はリンゴが好きです。
［　apples / like / I / .　］

(2) あなたは何色が好きですか？
［　you / do / what / like / color / ?　］

2 「私は～です」と自分の名前を伝える英文を書きましょう。

3 次の質問に対して自分の立場から英語で答えましょう。

(1) What fruit do you like ?

(2) What color do you like ?

(3) What subject do you like ?

1

1-5

（1）答え：I like apples.

解説：I like ～ . の形で「私は～が好きです」という意味です。“ ～ ”の部分に好きなものの名前を入れます。

（2）答え：What color do you like ?

解説：「何色」は「どんな色」と考えて what color とカタマリにして文の先頭に置きます。what color の後ろはたずねる文の順番にするので do you like? を続けます。×）What do you like color ? というミスが多いので注意してください。

2 答え：（例）I'm Akira.

解説：I'm ～ . で「私は～です」なので、“ ～ ”に自分の名前を入れて英文を完成させましょう。名前は最初の文字を大文字で書きます（Akira）。

3 答え：（1）（例）I like apples.　（2）（例）I like blue.

（3）（例）I like English.

解説：（1）～（3）すべて“I like ～ .”の形で答えます。次の単語を参考にして、答え合わせをしてください。（1）で果物（くだもの）を答えるときは、原則複数形（ふくすうけい）（-s や -es などがついた形）にします。

［果物］※複数形の形で示しています。

□ apples「リンゴ」	□ bananas「バナナ」	□ cherries(cherry)「サクランボ」
□ grapes「ブドウ」	□ grapefruits「グレープフルーツ」	□ kiwi fruits「キウイ」
□ lemons「レモン」	□ mangos「マンゴー」	□ peaches「モモ」
□ pears「ナシ」	□ persimmons「カキ」	□ pineapples「パイナップル」
□ oranges「オレンジ」		

［色］

□ white「白」	□ black「黒」	□ red「赤」	□ pink「ピンク」
□ orange「オレンジ」	□ blue「青」	□ yellow「黄色」	□ green「緑」
□ purple「紫」	□ gray「灰色」	□ brown「茶色」	□ gold「金」
□ silver「銀」	□ yellow green「黄緑」		

【教科名】…33 ページを確認してください。

\ネイティブの英会話をのぞいてみよう/

新学年、新しいクラスになり、初日にクラスメートとお互いに自己紹介をしている場面です。

Mrs. Inoue : OK, everyone. Please introduce yourself to the person next to you.

Joseph : **Hi, I'm Joseph.**

Haruka : **I'm Haruka. Nice to meet you.**

Joseph : **Nice to meet you, too.** By the way, **what color do you like?**

Haruka : **I like blue.**

Joseph : I thought so. Your skirt and pencil case are blue!

Haruka : How about you? **What color do you like?**

Joseph : **I like blue,** too!

日本語訳

イノウエ先生：はい、みなさん。おとなりの席の人に自己紹介をしてください。

ジョセフ：やあ、（ぼくは）ジョセフです。

ハルカ　：（私は）ハルカです。はじめまして。

ジョセフ：こちらこそ、はじめまして。ところで、（君は）何色が好き？

ハルカ　：（私は）青が好き。

ジョセフ：そう思ったんだ。君のスカートと筆箱（ふでばこ）が青だよね！

ハルカ　：あなたはどう？　何色が好き？

ジョセフ：ぼくも青が好きなんだ！

語句

- **everyone**「みんな」エヴリワン
- **introduce**「紹介する」イントロデュース
- **yourself**「自分自身」ユアセルフ
- **person**「人」パーソン
- **next to ～**「～のとなりの」ネクスト　トゥ
- **skirt**「スカート」スカート
- **pencil case**「筆箱（ふでばこ）」ペンスィル　ケイス
- **How about you?**「あなたはどうですか？」ハウ　アバウト　ユー
  ※（you を強く言います）

Lesson 2 誕生日(たんじょうび)をたずねる・伝える

このLessonのゴール

- 自分の誕生日を言える・相手の誕生日をたずねる

大切な文

My birthday is April 10th.
私の誕生日は4月10日です。

▶「月名＋日にち」の順は日本語と同じ

「私の誕生日は○月△日です」と言うときは“My birthday is 日付.”の形を使います。日付は日本語と同じように「○月△日」の順になります。
「日付」の単語は23ページをしっかり確認しておいてください。

▶ my「私の」は後ろの単語(名詞)とセットにする

“My birthday is ～.”の**myは「私の」**という意味で、後ろの単語とセットになって「持ち主」を表します。my以外にも**your「あなたの」**、**his「彼の」**、**her「彼女の」**などがあります。今回はmy birthday「私の誕生日」というカタマリになっています。

ちなみに、人の名前がくるときは's をつけて、Haruka's「ハルカの」のようにします。Haruka's birthdayで「ハルカの誕生日」という意味です。

大切な文

When is your birthday?

あなたの誕生日はいつですか？

▶「いつ？」とたずねるときは“when”を使う

「いつ？」とたずねるときはwhenを文頭に置いて、“When is ～?”の形を使います。 whenではじまる文がどんな順序になるのかMy birthday is ～. という表現から考えてみましょう。

まず、たずねる文にするためにisを文の先頭に移動させ、Is your birthday April 10th?「あなたの誕生日は4月10日ですか？」となります（このときにmyをyourに変えるのを忘れないでください）。

さらに、“April 10th”の部分をwhen「いつ」に変えて、さらに文の先頭へ出すと、When is your birthday? というLesson 2の大切な文の完成です。

ふつうの文　**My birthday is April 10th.**　「私の誕生日は4月10日です」

たずねる文　**Is your birthday April 10th ?**　「あなたの誕生日は4月10日ですか？」

たずねる文　**When is your birthday ?**　「あなたの誕生日はいつですか？」

発音は「フウェン」や「ホウェン」と教わることが多いですが、実際の会話では「ウェン」のように発音されます。最初の「ウ」の発音のときに口（くち）をすぼめて発音するのがポイントです。また、余裕（よゆう）があればWhen isの部分は「ホウェン　イズ」ではなく、くっつけて「ウェニズ」のように発音すると英語らしく聞こえますよ。ちなみに、When is your birthday? のように、つづりがwhなどではじまる単語ではじまるたずねる文は、最後を下げ調子で発音します。

○）When is your birthday? ↘　×）When is your birthday? ↗

When is your birthday? のisとyour birthdayの部分をひっくり返して、My birthday is 日付. のように答えます。「あなたの誕生日」と聞かれているので、答えるときは「私の誕生日」となるように、your「あなたの」をmy「私の」に変えるのを忘れないでください。

When is your birthday ?　「あなたの誕生日はいつですか？」

My birthday is April 10th .　「私の誕生日は4月10日です」
（April 10th：日付）

単語や語句を確認しよう

hey「やあ・よう」

ヘイ

親しい人に声をかけるときに使う表現です。

when「いつ」

ウェン

When is ～？「～はいつですか？」

ウェン イズ

what「何」

ワット

want「ほしい」

ワント

for your birthday「あなたの誕生日に」

フォー ユア バースデイ

hmm「う～ん」

フン

考えているときになど間をつなぐときに使う表現です。

let me see...「ええと」

レット ミー スィー

hmm と同様に、会話で少し間があくときに、つなぎことばとして使う表現です。

hair tie「ヘアゴム」

ヘア タイ

hair は「髪の毛」、tie は「ひも」などの結ぶもののことです。

what color「何色」

ワット カラ

pink「ピンク色」

ピンク

\ステップアップ/

「何月何日」のように「日付」を言うときは、たいてい「月名＋日にち」の順になります（日本語と同じ）。月名の単語の最初の文字は必ず大文字で書かれます。

月名は中学校へ行ってからもテストで狙(ねら)われやすい重要な単語なので、ここでチェックしてみてください。

［月名］

□ **January**「1月」	□ **February**「2月」	□ **March**「3月」
□ **April**「4月」	□ **May**「5月」	□ **June**「6月」
□ **July**「7月」	□ **August**「8月」	□ **September**「9月」
□ **October**「10月」	□ **November**「11月」	□ **December**「12月」

［日付］

1日	**first**	11日	**eleventh**	21日	**twenty-first**
2日	**second**	12日	**twelfth**	22日	**twenty-second**
3日	**third**	13日	**thirteenth**	23日	**twenty-third**
4日	**fourth**	14日	**fourteenth**	24日	**twenty-fourth**
5日	**fifth**	15日	**fifteenth**	25日	**twenty-fifth**
6日	**sixth**	16日	**sixteenth**	26日	**twenty-sixth**
7日	**seventh**	17日	**seventeenth**	27日	**twenty-seventh**
8日	**eighth**	18日	**eighteenth**	28日	**twenty-eighth**
9日	**ninth**	19日	**nineteenth**	29日	**twenty-ninth**
10日	**tenth**	20日	**twentieth**	30日	**thirtieth**
				31日	**thirty-first**

※たとえば、10日であれば、“10th” や “tenth” のように表すことができますが、単純に “10” だけでも OK です。ただし、読み方（発音）は “tenth” です。学校のテストなどでは、習った方法で答えるのがよいでしょう。

\基本の英会話を身につけよう/

休み時間に友人のヴァネッサとジョセフが誕生日（たんじょうび）について会話している場面です。

Joseph：Hey, Vanessa, **when is your birthday?** …… ①

Vanessa：**My birthday is April 10th.** …… ②

Joseph：What do you want for your birthday? …… ③

Vanessa：Hmm, let me see... I want a hair tie. …… ④

Joseph：What color do you want? …… ⑤

Vanessa：Pink. …… ⑥

わからなかった単語は22 ～ 23ページや辞書で確認してみましょう。英文を何度か読んで、文の意味を考え、わからないところにはえんぴつで線を引いておきましょう。

日本語訳と解説

① ジョセフ：ねえ、ヴァネッサ、君の誕生日はいつですか？

Hey を使って話しかけた後に、When is ～？「～はいつですか？」を使って誕生日をたずねています。

② ヴァネッサ：私の誕生日は4月10日です。

When is your birthday? と聞かれたので、My birthday is ～. の形で答えています。

③ ジョセフ：あなたは自分の誕生日に何がほしいですか？

今度は what を使った文で、誕生日に何がほしいか聞いています。want は「ほしい」という意味です。What do you want で 1 つのカタマリ、for your birthday でもう 1 つのカタマリを意識して読んでみてください。

④ ヴァネッサ：そうねぇ、ええと…、私はヘアゴムがほしいです。

考えているときなど、会話に間ができるときは、Hmm や Let me see.... を使ってつなぎます。みなさんが英語を話すときも、つい「えっと…」なんて言っちゃうと思いますが、「えっと」は日本語なので、ネイティブにはかなり不気味(ぶきみ)に聞こえます。こうやって英語で間をつなげるようにしてください。

⑤ ジョセフ：あなたは何色がほしいですか？

What color で 1 つのカタマリです。

⑥ ヴァネッサ：ピンクです。

What color do you want? に対する答えなので、本来であれば I want pink.「ピンクがほしいです」となりますが、I want を省略して Pink.「ピンクです」と色だけ答えています。会話ではこのようにかんたんな形で答えることもあります。

“自然な”日本語訳

① ジョセフ　：ねえ、ヴァネッサ、誕生日はいつ？
② ヴァネッサ：4月10日よ。
③ ジョセフ　：誕生日には何がほしい？
④ ヴァネッサ：そうね、ええと…、ヘアゴムかな。
⑤ ジョセフ　：何色？
⑥ ヴァネッサ：ピンクね。

練習問題

1 次の日本語に合う英文になるように［　］内の語を並べかえましょう。
文頭にくるものも［　］内では小文字になっています。

(1) あなたの誕生日(たんじょうび)はいつですか？
［　your / when / birthday / is / ?　］

(2) 私の誕生日は4月10日です。
［　tenth / birthday / my / is / April / .　］

2 「私の誕生日は○月△日です」という意味になるように、自分の誕生日を英語で書いてみましょう。

3 次の日本語を、英語に直しましょう。最初の文字はなぞって単語を完成させましょう。

(1) 1月　J

(2) 8月　A

(3) 11月　N

1 2-6

(1) 答え：**When is your birthday ?**

解説：相手の誕生日をたずねるときは When is ～？ の形を使います。また、「あなたの誕生日」と言うときは your と birthday をくっつけて your birthday のようにカタマリにします。

(2) 答え：**My birthday is April tenth.**

解説：自分の誕生日を言うときは My birthday is 日付 . の形にします。「日付」は「月名 + 日にち」の順が一般的(いっぱんてき)です。

2 答え：(例) **My birthday is September ninth.**

解説：自分の誕生日は My birthday is 日付 . の形です。「日にち」の部分は ninth のように英単語で書いてもいいですし、"9" のように数字や、"9th" のように書いても OK です。

日にちの言いかたについては20 ～ 23ページを確認しておきましょう。

3 答え：(1) **January**

(2) **August**

(3) **November**

解説：月名は、はじめの文字を必ず大文字にします。

\ネイティブの英会話をのぞいてみよう /

休み時間に友人のヴァネッサとジョセフが誕生日について会話している場面です。

Vanessa : Hey, Joseph! Our seats are so far away!

Joseph : Yeah. Hey, Vanessa, **when is your birthday?**

Vanessa : **My birthday is April 10th.**

Joseph : What do you want for your birthday?

Vanessa : Hmm, let me see... I want a hair tie.

Joseph : What color do you want?

Vanessa : Pink.

Joseph : Got it.

Vanessa : Thanks! Your birthday is August 2nd, right?

Joseph : Wow, you know my birthday?

Vanessa : Of course!

日本語訳

ヴァネッサ：ねえ、ジョセフ！　私たちの席は遠くなってしまったわね。
ジョセフ　：本当だね。そうだ、ヴァネッサ、誕生日はいつ？
ヴァネッサ：（私の誕生日は）４月10日よ。
ジョセフ　：誕生日には何がほしい？
ヴァネッサ：そうね、ええと…、ヘアゴムがほしいかな。
ジョセフ　：何色がほしいの？
ヴァネッサ：ピンクがいいわ。
ジョセフ　：わかった。
ヴァネッサ：ありがとう！　あなたの誕生日は８月２日よね？
ジョセフ　：うわぁ、ボクの誕生日を知っているの？
ヴァネッサ：もちろんよ！

語句

- **our**「私たちの」アウワ
- **seat(s)**「席」スィート(ツ)

! 発音は「アワー」ではなく「アウワ」という感じです。

- **far away**「遠くに」ファー アウェイ

! far away がくっついて「ファラウェイ」のように発音されます。

- **Got it.**「わかった」ガット イット

! got と it がくっついて「ガディ」のように発音されます。

- **Thanks!**「ありがとう！」サンクス
- **your**「あなたの」ユア
- **August**「８月」オーガスト
- **～, right?**「～だよね？」ライト
- **wow**「おおっ」ワウ
- **know**「知っている」ノウ
- **my**「私の」マイ

! know の k は発音しません。

- **Of course!**「もちろん！」オフ コース

Lesson 3 学校生活

このLessonのゴール

- 自分の学校生活について伝える

大切な文

3-1

What do you have on Monday?
あなたは月曜日は何の授業(じゅぎょう)がありますか？

I have Japanese.
国語（の授業）があります。

便利な単語 have

「○曜日にはあなたは何の授業がありますか？」と言うときは What do you have on 曜日? を使います。Lesson 1で学んだ What do you like ?「あなたは何が好きですか？」の like を have に変え、さらに "on+曜日" の表現を加えれば完成です。

have はもともと「持つ」という意味で、「何の授業を持っていますか？」→「何の授業がありますか？」となりました。

曜日の単語

曜日は大文字で書きはじめます。月名と同じように、中学校のテストで狙(ねら)われやすいんです。

［曜日］

- □ **Sunday**「日曜日」
- □ **Monday**「月曜日」
- □ **Tuesday**「火曜日」
- □ **Wednesday**「水曜日」
- □ **Thursday**「木曜日」
- □ **Friday**「金曜日」
- □ **Saturday**「土曜日」

▶ on は「くっついている」

on は「上」と訳されることが多いのですが「くっついている」というときに使うと覚えてください。そこから「心理的にくっついている」→「頼(たよ)っている（依存(いぞん)）」という意味が生まれました。

英語の背景にはキリスト教があり、英語圏(けん)の人々は「日曜日だから礼拝に行こう」というように「曜日」に頼って行動します。

▶ have を使いこなそう

have は「持つ」の意味で、I have ～. を直訳すると「私は～を持っています」ですが、“～”の部分に「教科名」がくると、「私は～があります」となります。

たとえば、I have English, math and science on Monday. は、「私は月曜日には英語、算数、理科の授業を持っています」→「月曜日は英語、算数、理科があります」となります。

教科名は33ページのステップアップを参照してください。

最後に、たずねる文の作りかたを確認します。

I have ～ on [曜日]. をたずねる文にすると、Do you have ～ on [曜日]? となります。

さらに“～”を What に変え、先頭に移動させて、**What do you have on [曜日]?** とすれば時間割などをたずねる文の完成です。

ふつうの文　**I have [～] on [曜日].**「○曜日に～があります」

たずねる文　**Do you have [～] on [曜日]?**「○曜日は～がありますか？」

たずねる文　**[What] do you have on [曜日]?**「○曜日には何がありますか？」

単語や語句を確認しよう

need to ～「～する必要がある」

ニード トゥ

go to bed「寝る」

ゴウ トゥ ベッド

！「(寝るために) ベッドへ行く」→「寝る」となりました。

already「もう・すでに」

オールレディ

o'clock「(ちょうど)～時」

アクロック

！もともと of the clockのことで、短縮(たんしゅく)されて o'clock となったんです。'(アポストロフィ)は短縮した目印です。

finish「終える」

フィニシュ

homework「宿題」

ホウムワーク

！発音は「ホームワーク」ではなく「ホウムワーク」です。

first「まずはじめに・その前に」

ファスト

Monday「月曜日」

マンデイ

English「英語」

イングリシュ

math「算数・数学」

マス

P.E.「体育」

ピーイー

physical education の略です。"." は略した印なので、P.E としないで、P.E. としてください。

science「理科・科学」

サイエンス

＼ステップアップ／

小学校の教科の名前の言いかたも覚えておくと便利です。

- □ **Japanese**「国語」
- □ **math**「算数」
- □ **science**「理科」
- □ **social studies**「社会」
- □ **English**「英語」
- □ **arts and crafts**「図工」
- □ **P.E.**「体育」 ※ physical education の略
- □ **music**「音楽」
- □ **home economics**「家庭科」
- □ **moral education**「道徳」

＼基本の英会話を身につけよう／

日曜日の夜、ジョセフがお母さん（Mrs. Brown）と月曜日の授業について話しているところです。

Joseph

Mrs. Brown：Joseph, you need to go to bed. …… 1

It's already 11 o'clock. …… 2

Joseph：I need to finish my homework first.

…… 3

Mrs. Brown：**What do you have on Monday?**

…… 4

Joseph：**I have English, math, P.E. and science.** …… 5

わからなかった単語は32 ～ 33ページや辞書で確認してみましょう。英文を何度か読んで、文の意味を考え、わからないところにはえんぴつで線を引いておきましょう。

日本語訳と解説

1 ブラウンさん：ジョセフ、あなたは寝ないといけないわ。

Joseph と呼びかけではじまっています。need to ～で「～する必要がある」、go to bed は「(寝る目的で）ベッドへ行く」→「寝る」となりました。

2 ブラウンさん：もう11時よ。

時刻を表すときは It is で文をはじめ、It is 11 o'clock.「11時です」のように使いますが、この It を訳す必要はありません。

3 ジョセフ：ぼくはその前に宿題をやらないといけないんだ。

first は「まずはじめに」という意味です（今回は「寝なさい」と言われているので、それを受けて「その前に」と訳しています）。
英語では「自分の宿題」を my homework「私の宿題」のように言います。

4 ブラウンさん：あなたは月曜日に何の授業があるの？

What do you have は「ワット ドゥ ユー ハヴ」ではなく「ワッ（ト）ドゥユハヴ」のようにつなげて発音します。

5 ジョセフ：英語、算数、体育と理科があるよ。

and を使って単語を並べるときは、A, B, C and D のようにします。A and B and C and D のように並べる単語の間すべてに and を入れるのではなく、途中までコンマ（,）を使い、最後に and を使うんです。

English and math and P.E. and science

↓ ↓

English , math , P.E. and science

“自然な”日本語訳

1 ブラウンさん：ジョセフ、寝ないと。
2 もう11時よ。
3 ジョセフ：その前に宿題をやらないといけないんだ。
4 ブラウンさん：月曜日は何の授業があるの？
5 ジョセフ：英語、算数、体育、あとは理科。

練習問題

1 次の日本語に合う英文になるように［　］内の語を並べかえましょう。
文頭にくるものも［　］内では小文字になっています。

(1) あなたは火曜日は何の授業がありますか？
［　you / Tuesday / what / on / do / have / ?　］

(2) 英語と体育と算数があります。
［　P.E. and / English, / math / have / I / .　］

2 「私は月曜日に～（の授業）があります」という英文を自分の立場で書きましょう。

3 次の日本語を、英語に直しましょう。最初の文字はなぞって単語を完成させましょう。

(1) 日曜日　S

(2) 水曜日　W

(3) 金曜日　F

3-5

1

(1) 答え：What do you have on Tuesday ?

解説：「何の授業がありますか？」とたずねるときは have を使ってたずねる文にします。What do you have ～？とし、最後に “on+ 曜日 ” を置きます。

(2) 答え：I have English, P.E. and math.

解説：単語を and でつなぐときは A and B and C とするのではなく、A, B and C の形にします。

2 答え：（例）I have Japanese, social studies, science and music on Monday.

解説：I have ～ on Monday. の形で書きます。“ ～ ” には教科名が入ります。複数あって and でつなぐときは、A, B and C の形にします。今回は「国語 (Japanese)、社会 (social studies)、理科 (science)、音楽 (music)」と 4 つ並べるので、A, B, C and D の形になっています。
教科名を表す単語は33ページで確認しておきましょう。

3 答え：(1) Sunday
(2) Wednesday
(3) Friday

解説：曜日名は、はじめの文字を必ず大文字にします。

\ネイティブの英会話をのぞいてみよう /

日曜日の夜、Joseph がお母さん（Mrs. Brown）に「寝なさい」と言われています。

Mrs. Brown: Joseph, you need to go to bed. It's already 11 o'clock.

Joseph : I need to finish my homework first.

Mrs. Brown: **What do you have on Monday?**

Joseph : **I have English, math, P.E. and science.** I'm doing my English homework now.

Mrs. Brown: What are you writing?

Joseph : I'm writing an essay on my future plans. I need to write it in detail, but I can't. I want to be a writer, but how can I be a writer?

Mrs. Brown: There are writing contests.

Joseph : That's a good idea! I'll write about that. Thanks, Mom.

Mrs. Brown: Well, finish your homework quickly, okay? Good night.

Joseph : Good night.

日本語訳

ブラウンさん：ジョセフ、寝ないといけないわ。もう11時よ。

ジョセフ　：その前に宿題をやらないといけないんだ。

ブラウンさん：月曜日は何の授業があるの？

ジョセフ　：英語、算数、体育と理科だよ。今、英語の宿題をやっているところなんだ。

ブラウンさん：何を書いているの？

ジョセフ　：将来のことについてエッセーを書いているんだ。詳（くわ）しく書かないといけないんだけど書けなくて。作家になりたいんだけど、どうすれば作家になれるのかな？

ブラウンさん：作文コンテストがあるわ。

ジョセフ　：それはいい考えだね！　それについて書くよ。ありがとう、お母さん。

ブラウンさん：じゃあ、早く宿題を終わらせるのよ、わかった？　おやすみなさい。

ジョセフ　：おやすみなさい。

語句

- **I'm doing ～ .**「私は～しているところだ」アイム ドゥーイング

  I'm doing my English homework now. の am doing の部分は、「(今) ～しているところだ」という動作が途中であることを表しています。これを「現在進行形(げんざいしんこうけい)」といいます。

- **write**「書く」ウライト

  「ライト」と発音する前に口を丸く前につき出すイメージで発音してみてください。「ゥライト」というイメージです。

- **essay**「エッセー・作文」エセイ
- **on**「～に関して」アン
- **future**「将来・未来」フューチャ
- **plan(s)**「計画・予定」プラン(ズ)
- **in detail**「詳(くわ)しく」イン ディーテイル
- **but**「しかし・でも」バット
- **want to be ～**「～になりたい」ワント トゥ ビ

  want to がくっついて「ワントゥ」という感じで発音します。

- **writer**「作家」ウライタ

- **how**「どのように・どうやって」ハウ
- **There are ～ .**「～がある・いる」ゼア アー

❗ there are がくっついて「ゼアラー」という感じで発音されることが多いです。

- **writing contest(s)**「作文コンテスト」
ゥライティング カンテスト(ツ)
- **That's a good idea!**「それはいい考えだね」
ザッツ ア グド アイディア

❗「それ、いいね」って感じでよく使います。

- **about**「～について」アバウト
- **Thanks.**「ありがとう」サンクス

❗ Thank you. よりもくだけた表現として、会話でよく使われます。

- **quickly**「すばやく」クイックリ
- **Good night.**「おやすみなさい」グド ナイト

Lesson 4 将来の夢

このLessonのゴール

■ 将来の夢を英語で伝える

大切な文

4-1

I want to be a vet.

私は獣医(じゅうい)になりたいです。

▶「やりたいこと」はI want to ～を使おう！

wantを辞書でひくと「ほしい・望む」と書かれています。もちろんその意味で使うこともありますが、to ～と結びついて **"want to ～"「～したい」** の形でもよく使います。「～することを望む（直訳）」→「～したい」ということです。

"I want to ～"「私は～したいです」にあてはめて「やりたいこと」を言ってみましょう。want toの後ろには「動作を表す単語（動詞(どうし)）」を置きます。

I want to swim.	私は泳ぎたい。
I want to study English.	私は英語を勉強したい。
I want to have lunch.	私は昼食を食べたい。
I want to see the movie.	私はその映画を見たい。
I want to read the book.	私はその本を読みたい。

▶「～になりたい」は"want to be a [an] 職業"を使う

「将来、～になりたい」と言うときはwant to の後ろにbeを置いて、その後ろになりたい職業を入れればOKです。

I want to be a vet. で「私は獣医になりたい」となります（vetは「獣医」）。

beは「（～である）状態(じょうたい)」を表すので、「獣医（vet）である状態（be）を望む（want to）」→「～になりたい」となりました。ちなみにvetはveterinarianの略で、会話などではvetを使うことがほとんどです。

職業を表す単語は44 ～ 45ページのステップアップを参照してください。

大切な文

What do you want to be?

あなたは何になりたいですか？

▶ want to ～を使いこなして相手の夢をたずねよう

I want to be ～.「私は～になりたい」をたずねる文にするとDo you want to be ～？となります。相手のことを聞くわけですからI（私は）ではなくyou（あなたは）を使ってください。

「職業」が入る部分をWhatにかえて文の先頭に移動させ、**What do you want to be?** とすれば、Lesson4 の 大切な文 の完成です。

ふつうの文　**I want to be a vet.**「私は獣医になりたいです」

たずねる文　**Do you want to be a vet?**
「あなたは獣医になりたいですか？」

たずねる文　**What do you want to be?**「あなたは何になりたいですか？」

単語や語句を確認しよう

want to ～「～したい」

ワント トゥー

want toの部分は「ワント トゥ」ではなく、wantのtが飲み込まれるイメージで、「ワントゥ」のように発音します。

study「勉強する」

スタディ

art「芸術」

アート

artist「芸術家・アーティスト」

アーティスト

cool「かっこいい」

クール

「涼(すず)しい」という意味もありますが、会話では「かっこいい」という意味で使われます。また、軽く「いいね！」のようなニュアンスでも使えます。発音は「クーゥ」という感じです。

＼ステップアップ／

将来の夢を言うときに使える、職業を表す単語を覚えておきましょう。

①スポーツ選手

- □ サッカー選手　**soccer player**
- □ 野球選手　**baseball player**
- □ バスケットボール選手　**basketball player**

②乗り物関係

- □ 機長・船長　**captain**
- □ 客室乗務員　**flight attendant**
- □ パイロット　**pilot**
- □ 宇宙飛行士　**astronaut**
- □ タクシー運転手　**taxi driver**

③医療(いりょう)・福祉(ふくし)・法律(ほうりつ)・学校関係

☐ 医師　doctor
☐ 獣医師(じゅういし)　vet
☐ 栄養士　dietitian
☐ 薬剤師(やくざいし)　pharmacist
☐ 大学教授　university professor
☐ 科学者　scientist
☐ 歯科医師(しかいし)　dentist
☐ 弁護士(べんごし)　lawyer
☐ 介護福祉士(かいごふくしし)　care worker
☐ 教師　teacher
☐ 研究者　researcher
☐ 保育士　nursery school teacher

④政治関係など

☐ 政治家　politician
☐ 外交官　diplomat
☐ 消防士　firefighter
☐ 秘書　secretary
☐ 警察官　police officer

⑤芸術・芸能関係

☐ 芸術家　artist
☐ コメディアン　comedian
☐ 俳優　actor
☐ 漫画家　cartoonist
☐ ミュージシャン・音楽家　musician
☐ 芸能人　entertainer
☐ ダンサー　dancer
☐ 声優　voice actor
☐ 歌手　singer

⑥メディア関係

☐ ニュースキャスター　anchor・newscaster
☐ 記者　journalist・reporter
☐ 映画監督(えいがかんとく)　movie director
☐ 写真家　photographer
☐ 気象予報士(きしょうよほうし)　weather forecaster
☐ 作家　writer
☐ 編集者　editor

⑦技術関係

☐ 技師　engineer
☐ 建築家　architect
☐ 美容師　beautician
☐ プログラマー　computer programmer
☐ 大工　carpenter
☐ 理容師　barber

⑧その他

☐ 会社員　office worker
☐ 通訳者　interpreter
☐ ファッションデザイナー　fashion designer
☐ 料理長　chef
☐ パティシエ　pastry chef
☐ 店主　storekeeper
☐ デザイナー　designer
☐ 料理人　cook
☐ パン職人　baker

\基本の英会話を身につけよう/

課題で出されている「将来の夢」についての作文について会話しています。

Joseph : What do you want to study? …… 1

Haruka : I want to study art. …… 2

Joseph : And **what do you want to be?** …… 3

Haruka : **I want to be an artist.** …… 4

Joseph : Cool. …… 5

わからなかった単語は44ページや辞書で確認してみましょう。英文を何度か読んで、文の意味を考え、わからないところにはえんぴつで線を引いておきましょう。

日本語訳と解説

1 ジョセフ：君は何を勉強したいと思っているんだい？

want to ～「～したい」を使ったたずねる文です。What「何」が使われているので、「あなたは何を勉強したいですか？」という意味です。

2 ハルカ：私は美術を勉強したいの。

want to ～の後ろに study「勉強する」があるので、「勉強したい」となります。

3 ジョセフ：じゃあ、君は何になりたいと思っているの？

want to be は「なりたい」という意味です。be には「なる」という意味もあるんです。

4 ハルカ：私は芸術家（アーティスト）になりたいの。

want to be ～を使って将来の夢を伝えています。

5 ジョセフ：カッコイイね。

“自然な”日本語訳

1 ジョセフ：何を勉強したいと思っているの？
2 ハルカ　：美術よ。
3 ジョセフ：じゃあ（将来）何になりたいんだい？
4 ハルカ　：芸術家になりたいの。
5 ジョセフ：カッコイイ。

練習問題

1 次の日本語に合う英文になるように［　］内の語を並べかえましょう。
文頭にくるものも［　］内では小文字になっています。

(1) あなたは何になりたいですか？
［ you / be / what / want / do / to / ? ］

(2) 私は医者になりたいです。
［ to / I / a doctor / want / be / . ］

(3) 私は英語を勉強したいです。
［ study / want / English / to / I / . ］

2 次の単語や語句を使って「私は～したいです」という英文を作りましょう。

(1) swim

(2) see the movie

(3) read the book

1

4-6

(1) 答え：What do you want to be ?

解説：「何」という what を最初に置き、その後ろは want to ～を使ったたずねる文を続けます。「なりたい」と言うときは be を使って want to be にします。

(2) 答え：I want to be a doctor.

解説：「私は～になりたいです」と言うときは、I want to be ～. の形を使います。

(3) 答え：I want to study English.

解説：「私は～したいです」と言うときは、want to ～の形を使います。"～"の部分にはやりたいことを意味する「動作を表す単語（動詞（どうし））」を置きます。

2

(1) 答え：I want to swim.

和訳：私は泳ぎたいです。

解説：want to ～の後ろに swim を置いて、「泳ぎたい」とします。

(2) 答え：I want to see the movie.

和訳：私はその映画を見たいです。

解説：want to ～「～したい」の後ろに see the movie を続けます。see the movie は「その映画を見る」という意味です。

(3) 答え：I want to read the book.

和訳：私はその本を読みたいです。

解説：want to ～の後ろに read the book を続けます。read the book は「その本を読む」という意味です。

\ネイティブの英会話をのぞいてみよう /

教室で、「将来の夢」についてジョセフとハルカが話している場面です。

Joseph : Hi, Haruka.

Haruka : Hi, Joseph. Are you OK?

Joseph : Yeah, I'm just tired. I didn't get enough sleep. I was doing my English homework.

Haruka : The essay on your future plans?

Joseph : Yeah. You wrote about college, right? **What do you want to study?**

Haruka : **I want to study art.**

Joseph : And **what do you want to be?**

Haruka : **I want to be an artist.**

Joseph : Cool.

日本語訳

ジョセフ：やあ、ハルカ。

ハルカ　：こんにちは、ジョセフ。大丈夫？

ジョセフ：ああ、ちょっと疲(つか)れているだけだよ。ちゃんと寝てなくて。
英語の宿題をやっていたんだ。

ハルカ　：将来についての作文のことね？

ジョセフ：そうだよ。(君は)大学について書いたんだよね？
(君は)何を勉強したいと思っているの？

ハルカ　：美術よ。

ジョセフ：で、(将来)何になりたいの？

ハルカ　：芸術家になりたいの。

ジョセフ：カッコイイじゃん。

語句

- **Hi**「やあ」ハイ
- **Are you OK?**「大丈夫ですか？」アー ユー オウケイ

(!) OKは「オーケー」、「オッケー」ではなく「オウケイ」と発音します。

- **just**「ただ…なだけ」ヂャスト
- **tired**「疲(つか)れた」タイアド

(!) just tiredで「ただ疲れているだけだよ」という意味になります。
justは「ただ…なだけ」という意味です。

- **enough**「十分な」イナフ
- **sleep**「睡眠(すいみん)」スリープ

(!) 発音は「イナフ」です。

- **essay**「エッセー(作文・レポート・感想文など)」エセイ

(!) 日本語だと「エッセー」と言いますが、英語の発音は「エセイ」という感じです。

- **wrote**「書いた」(write「書く」の過去形) ウロウト

(!) 最初に口を前につき出して「ゥロウト」というイメージで発音します。

- **college**「大学」カリヂ

Lesson 5 できること と できないこと

このLessonのゴール

■「できること」と「できないこと」を伝える

大切な文

5-1

I can draw well.
私は上手に絵を描く(か)ことができます。

▶「〜できる」と言うときは can を使う

ふつうの文に **can を入れると、「〜することができる」という「可能(かのう)」の意味**が加わります。

ふつうの文	I draw well.	「私は上手に絵を描きます」
can の 文	I can draw well.	「私は上手に絵を描くことができます」

can は「動作を表すことば（動詞(どうし)）」の前に置きます。今回は draw「(絵を) 描く」が動作を表すことばです。

大切な文

I can't draw well.

ぼくは上手に描(か)くことができません。

▶「〜できない」と言うときは can't を使う

「〜できない」と言うときは、「動作を表すことば（動詞(どうし)）」の前に can't を置きます。
can't はもともと、can not（not は「〜でない」という意味の単語）だったのが短縮(たんしゅく)されて can't となりました。ふつうは can not ではなくこの can't が使われます（くっつけて cannot となることもあります）。

「〜できる」の文　**I can draw well.**　「私は上手に絵を描くことができます」

「〜できない」の文　**I can't draw well.**　「私は上手に絵を描くことができません」

Joseph can't draw well.

Joseph can cook well.

単語や語句を確認しよう

can「～できる」

キャン、クン

「キャン」と発音することもありますが、会話では軽く「カン」や「クン」と発音されることが多いです。

draw「(絵を)描(か)く」

ドゥロー

もともとは「引く」という意味で、「(線を)引っぱる」→「描く」となりました。スポーツの試合で「引き分け」を「ドロー」と言うのも、実はこの単語からなんです。

well「上手に・うまく」

ウェル

face「顔」

フェイス

Can you ～？「～してくれませんか？」

キャン ユー

can が使われているので、直訳すると「あなたは～することができますか？」となります。そこから「(～することができるなら)やってくれませんか？・～してくれませんか？」となりました。相手にお願い(依頼)するときに使う表現です。
実際の発音は can と you がくっついて「キャニュ」のようになります。

show「見せる・教える」

ショウ

「見せる」から「(やりかたなどを見せて)教える」という意味でも使われます。

Sure.「いいですよ」

シュア

Thanks!「ありがとう！」

サンクス

so「とても」

ソウ

so には「そう」という意味もありましたね（13ページ）。「とても」というときは very という単語もありますが、so のほうがより気持ちがこもった表現になります。たとえば、「とてもうれしい」というときに、very happy よりも so happy のほうが「うれしい気持ちが表情に出ている」イメージです。

be good at -ing「～するのが得意だ」

ビー グド アット

at は「一点」が中心となる意味で、「-ing する一点において(at)すぐれている（good)」→「～するのが得意だ」となりました。また、“be”とは、「いる・～です」の意味を表す am、are、is のもとの形（「原形（げんけい）」といいます）で、まとめて「be 動詞」といいます。実際の英語で、be は主語の種類によって I am ～. や You are ～. のように am、are、is を使いわけてください。

drawing

「(絵を)描（か）くこと」（draw「(絵を)描く」の -ing 形）

ドゥローウィング

この -ing は「～すること」という意味です。draw「(絵を)描く」に -ing をつけて drawing「(絵を)描くこと」となります。

take「とる」

テイク

lesson「レッスン」

レスン

日本語でも「ピアノのレッスン」のように使います。発音は「レッスン」ではなく「レスン」という感じです。

parents「両親」

ペアレンツ

parent は「親（父か母のどちらか)」で、s がついて parents となると「両親（父と母両方)」となります。英語の世界では、2つ以上になるときは s をつけて「複数（ふくすう）」であることを示します（-s などがついた形を「複数形（ふくすうけい）」といいます）。

teach「教える」

ティーチ

＼基本の英会話を身につけよう／

ある休み時間、Joseph が Haruka に絵の描きかたを教えてもらう場面です。

Joseph : **I can't draw well.** How do you draw a face? Can you show me? …… 1

Haruka : Sure. …… 2

Joseph : Thanks! You're so good at drawing. Are you taking art lessons? …… 3

Haruka : No, but **my parents can draw well.** They teach me. …… 4

わからなかった単語は54 ～ 55ページや辞書で確認してみましょう。英文を何度か読んで、文の意味を考え、わからないところにはえんぴつで線を引いておきましょう。

日本語訳と解説

1

ジョセフ：うまく描けないな。どうやって顔を描くんだい？　教えてくれない？

can't draw で「描けない」という意味です。２つ目の文の How は「どのように」という意味で、「方法」をたずねるときに使います。３つ目の文の Can you ～？「～してくれませんか？」は相手に「お願い（依頼）」するときに使う重要表現です。

2 ハルカ：ええ、いいわよ。

Can you show me?「私に教えてくれませんか？」に対して「いいですよ」という意味で Sure. が使われています。実際の会話では「シュア」ではなく「シャァ」のように短く発音されることが多いです。

3 ジョセフ：ありがとう！　君は絵を描くのがホント得意だよね。美術のレッスンを受けているの？

taking は take「とる」の -ing 形で、Are you taking art lessons? で「美術のレッスンをとっているの？」→「(習い事として)美術のレッスンを受けているの？」となります。

4 ハルカ：いいえ、でも両親が上手に絵を描くのよ。私に教えてくれるの。

They「彼ら」は、その前の文で出てきた my parents「両親」のことを指します。英語の世界では親に対しても「彼ら」という意味の they を使うのはふつうのことなんです。

“自然な”日本語訳

① ジョセフ：うまく描けないんだ。どうやって顔を描くの？教えてくれない？

② ハルカ　：もちろん。

③ ジョセフ：ありがとう！　君は絵を描くのがホント得意だよね。美術のレッスンを受けてるの？

④ ハルカ　：いいえ、でも両親が上手に描くのよ。教えてくれるの。

練習問題

1 次の日本語に合う英文になるように［　］内の語を並べかえましょう。
文頭にくるものも［　］内では小文字になっています。

(1) 私は泳ぐことができます。
［　can / I / swim / .　］

(2) 私は上手に(絵を)描(か)くことができません。
［　draw / I / well / can't / .　］

(3) 私に見せてくれませんか？
［　show / you / me / can / ?　］

2 次の日本語を表す英語の文を完成させるとき、(　　) 内の語をどこに入れればいいか、記号で選び答えましょう。

(1) 私はピアノを弾(ひ)くことができます。(can)

I ［ア］ play ［イ］ the ［ウ］ piano.

(2) 私に英語を教えてくれませんか？ (you)

［ア］ Can ［イ］ teach ［ウ］ me ［エ］ English ?

1

(1) 答え：I can swim.

解説：「～できる」と言うときは can を使います。can の後ろは、swim「泳ぐ」のように「動作を表す単語（動詞（どうし））」を置きます。

(2) 答え：I can't draw well.

解説：「～できない」と言うときは can't を使います。can't の後ろは、draw「描く」のように「動作を表す単語（動詞）」を置きます。

(3) 答え：Can you show me ?

解説：「～してくれませんか？」と相手にお願いするときは、Can you ～？ の形にします。"～"には「動作を表す単語」を置きます。can はもともと「～できる」なので、Can you ～？は「あなたは～できますか？」で、そこから「（できるなら）～してくれませんか？」と、相手にお願いする表現になりました。

2

(1) 答え：ア

解説：can「～できる」は動作を表す単語の前に置いて「～できる」の意味を表します。今回は play「弾（ひ）く・演奏する」が動作を表す動詞なので、その前に can を入れます。

(2) 答え：イ

解説：日本語は「教えてくれませんか？」とお願い（依頼（いらい））をしています。相手にお願いするときは Can you ～？ の形を使うので、Can の後ろに you を入れます。

＼ネイティブの英会話をのぞいてみよう／

ある休み時間、Joseph が Haruka に絵の描(か)きかたを教わる場面です。

Joseph : Hey, are you done with your arts and crafts homework?

Haruka : The self-portrait? Yeah, I'm done.

Joseph : **I can't draw well.** How do you draw a face? Can you show me?

Haruka : Sure. First, draw an oval. Then, draw the eyes here. The nose goes here. And the mouth goes here.

Joseph : Thanks! You're so good at drawing. Are you taking art lessons?

Haruka : No, but **my parents can draw well.** They teach me.

Joseph : That's awesome!

日本語訳

ジョセフ：やあ、図工の宿題はもう終わった？

ハルカ　：自画像のやつ？　ええ、もう終わったわよ。

ジョセフ：うまく描けないんだ。どうやって顔を描くんだい？　教えてくれない？

ハルカ　：ええ、いいわよ。まず、卵形（たまごがた）の円を描いて。それからここに目を描くのよ。鼻はここに。そして口はこうね。

ジョセフ：ありがとう！　（君は）絵を描くのがホント得意だよね。美術のレッスンを受けているの？

ハルカ　：いいえ、でも両親が上手に絵を描くのよ。（私に）教えてくれるの。

ジョセフ：そりゃすごいね！

語句

・**hey**「やあ」ヘイ

・**be done with ～**「～が終わった・済（す）んだ」ビー ダン ウィズ

今回の英文では be のところに are がきています。done は「ダン」と読みます。

・**self-portrait**「自画像」セルフポートレイト

self は「自分」という意味があります（「セルフサービス」で日本語でも使われています）。

・**first**「はじめに・まず」ファースト

順番を列挙（れっきょ）するときの最初に first を使います。「2番目に」と言うときは second、「次に」と言うときは next などが使えます。今回は then「そして・次に」が続きます。

・**oval**「卵形のもの」オウヴル

・**then**「そして・次に」ゼン

first「はじめに・まず」を受けて、then「次に」が使われていますね。

・**eye(s)**「目」アイ（ズ）

・**here**「ここに」ヒア

・**nose**「鼻」ノウズ

・**mouth**「口」マウス

発音は「ノーズ」ではなく「ノウズ」です。

・**That's awesome!**「それはすごいですね！」ザッツ オーサム

awesome は「オーサム」と発音します。本来「恐（おそ）ろしい」という意味ですが、「（恐ろしいほど）すごい・とてもよい」という意味でも使われるようになりました。「マジですげえ」という感じで使われるイメージです。

Lesson 6 場所をたずねる、説明する

このLessonのゴール

- 場所をたずねる、説明する

大切な文

Where is Rainbow Park?

レインボーパークはどこですか？

▶ さまざまな「場所」を表す表現

「駅のそば」、「駅のとなり」、「駅の前」など日本語にはいろいろな「場所」を表す表現があります。英語にもいろいろな表現があり、建物や施設(しせつ)を表す単語などといっしょに使われます。

［ 場所を表す表現 ］

- □ **at ～**「～で」　**at the station**「駅で」
  - ※ at は「(地図上の) 一点」を表すイメージです。
- □ **by ～**「～のそばに」　**by the station**「駅のそばに」
- □ **next to ～**「～のとなりに」　**next to the station**「駅のとなりに」
- □ **in front of ～**「～の前に」　**in front of the station**「駅の前に」

▶ 場所をたずねるときは Where を使う

「どこですか？」とたずねるときは Where is ～？ の形にします。 たとえば、「郵便局（ゆうびんきょく）(the post office) の場所」がわからないとします。つまり、The post office is by the station.「郵便局は駅のそばにあります」の by the station の部分がわからないということです。まず、たずねる文の順番にするために、is を文の先頭に移動させます。次に、わからない部分である by the station を Where にしてさらに文の先頭に移動させると、Lesson 6 の 大切な文 Where is ～？「～はどこですか？」の完成です。

ふつうの文 **The post office is by the station.**
「郵便局は駅のそばにあります」

たずねる文 **Is the post office by the station ?**
「郵便局は駅のそばにありますか？」

たずねる文 **Where is the post office?** 「郵便局はどこですか？」

When や What ではじまる文のときと同じように、文末は下げ調子で読みます。

大切な文

Go straight, and turn right at the corner.

まっすぐ行って、その角で右に曲がってください。

▶ 道案内をするときは「命令文」を使う

「命令文」と呼ばれるこの形は、いきなり**「動作を表す単語（動詞）」**で文をはじめます。

ふつうの文 **You open the door.** 「あなたはドアを開けます」

↓

命令文 ✕ **Open the door.** 「ドアを開けなさい」

この命令文も open「開ける」で文がはじまっていますね。

「命令文」と聞くと、「～しなさい」というように強い口調を想像するかもしれませんが、場面や言いかたによって「～してください」のようにやわらかい感じにもなるんです。

▶ 道案内で使う「命令文」

Go straight. の**Go は「行く」という意味の動作を表す単語**です。straight は「まっすぐに」という意味なので、Go straight. で「まっすぐ行ってください」という意味です。

また、Turn right at the corner. の Turn は「曲がる」という動作を表す単語です。right は「右へ」の意味で、Turn right. で「右へ曲がってください」となります。

［ 道案内で使う「命令文」］

- □ **Go straight.** 「まっすぐ行ってください」
- □ **Turn right.** 「右へ曲がってください」
- □ **Turn left.** 「左へ曲がってください」

単語や語句を確認しよう

Excuse me. 「すみません」

イクスキューズ ミー

知らない人に「すみません」「失礼します」と声をかけるときに使う表現です。

Where is ～？ 「～はどこですか？」

ウェア イズ

where は「ホウェア」よりも「ウェア」のように発音されることが多いです。

by ～ 「～のそばに」

バイ

by はこのほかにも「～によって」などいろいろな訳を習いますが、この「～のそば（近く）」というイメージを持っておくことが大切です。

museum 「博物館」

ミューズィーアム

発音は「ミューズィーアム」です。
「ズィ」の部分を強く読みます。

straight 「まっすぐに」

ストレイト

「ストレート」ではなく「ストレイト」と発音します。

turn 「曲がる」

ターン

right 「右へ」

ライト

corner 「角」

コーナー

see 「見る」

スィー

発音は「シー」ではなく「スィー」です。

on your left 「左側に・左手に」

アン ユア レフト

Thank you. 「ありがとうございます」

サンク ユー

You're welcome. 「どういたしまして」

ユア ウェルカム

Thank you.「ありがとうございます」―You're welcome.「どういたしまして」をセットで押さえておきましょう。外国人に Thank you. と言われたときに、「あ、あ…」とうなずくだけの人が多いのですが、必ずこういった「ことば」を口に出せるようにしておきましょう（意外とできないものなんです）。

\基本の英会話を身につけよう/

ハルカが絵を描(か)きに、家から少し離(はな)れた公園へ行き、道に迷ってしまった場面です。

Haruka : Excuse me. **Where is** Rainbow Park? …… 1

Man : It's by the museum. **Go straight**, and **turn right** at the corner. …… 2

You can see it on your left. …… 3

Haruka : Thank you. …… 4

Man : You're welcome. …… 5

わからなかった単語は65ページや辞書で確認してみましょう。英文を何度か読んで、文の意味を考え、わからないところにはえんぴつで線を引いておきましょう。

日本語訳と解説

1 ハルカ：すみません。レインボーパークはどこですか？

まずはExcuse me.と声をかけ、場所をたずねるWhere is ～？を使っています。

2 男性：博物館(はくぶつかん)の近くですよ。まっすぐに行って、その角を右に曲がってください。

It's by the museum. のItや3文目のYou can see it on your left. のitは、ハルカのことばのRainbow Parkのことです。itは「それ」という意味です。

3 男性：あなたの左手に見えますよ。

You can see it の直訳は「あなたはそれが見えます」で、on your left は「あなたの左側に」という意味です。

4 ハルカ：ありがとうございます。

5 男性：どういたしまして。

You're は You are が短くなった形（短縮形）で、発音もくっつけて「ユァ」という感じです。

“自然な”日本語訳

1 ハルカ：すみません。レインボーパークはどこですか？

2 男性　：博物館の近くです。まっすぐに行って、
その角を右に曲がってください。

3 　　　　左側に見えますよ。

4 ハルカ：ありがとうございます。

5 男性　：どういたしまして。

練習問題

1 次の日本語に合う英文になるように［　］内の語を並べかえましょう。
文頭にくるものも［　］内では小文字になっています。

(1) 図書館はどこですか？
［　is / where / the library / ?　］

(2) 図書館は駅のそばにあります。
［　the station / is / the library / by / .　］

(3) まっすぐ行って、その角で左に曲がってください。
［　straight / at the corner / and / go / left / turn / , / .　］

2 次の「場所を表す表現」を完成させるのに、(　　　)に入る適切な単語をあとから選び書きましょう。

(1) その角で
(　　　) the corner

(2) 図書館の前で
(　　　) front of the library

on	by	at	in

1

(1) 答え：**Where is the library ?**

解説：「～はどこですか？」は Where is ～？ を使います。“～”にたずねたい場所を入れて文を完成させます。

(2) 答え：**The library is by the station.**

解説：「～のそばに」は by ～で表します。今回は「駅のそばに」なので by the station とすれば OK です。

(3) 答え：**Go straight, and turn left at the corner.**

解説：「～してください」と言うときは動作を表す単語で文をはじめます。「まっすぐ行って」は「まっすぐ行ってください」ということなので、Go straight とします（go が「行く」という意味の単語）。and で文をつないで turn left at the corner「その角で左に曲がってください」を続けます（turn が「曲がる」という意味の単語）。

2

(1) 答え：**at**

解説：at the corner で「その角で」です。この at は「場所の一点」を表します。地図上で「角」を「点」として見ているイメージです。

(2) 答え：**in**

解説：in front of ～で「～の前で」となります。front は「フロント」ではなく「フラント」と発音します。

\ネイティブの英会話をのぞいてみよう/

ハルカが絵を描きに、家から少し離れた公園に行き、公園でジョセフにばったり出会いました。

Haruka : Excuse me. **Where is** Rainbow Park?

Man : It's by the museum. **Go straight**, and **turn right** at the corner. You can see it on your left.

Haruka : Thank you.

Man : You're welcome.

(公園に到着)

Haruka : Wow, this park is beautiful! Hmm? Is that Joseph?

(Joseph らしき人物に近づく)

Haruka : Hey, Joseph!

Joseph : Whoa. Hi, Haruka. What are you doing here?

Haruka : I came here to draw. I want to enter a picture book contest, so I'm making a picture book.

Joseph : A picture book! That's amazing.

Haruka : How about you? Are you writing something?

Joseph : Oh... It's just a story. I like to come here and write.

日本語訳

ハルカ　：すみません。レインボーパークはどこですか？

男性　　：博物館（はくぶつかん）の近くですよ。まっすぐに行って、その角を右に曲がってください。左手に見えますよ。

ハルカ　：ありがとうございます。

男性　　：どういたしまして。

（公園に到着）

ハルカ　：うわぁ、この公園きれい！　ん？ あれはジョセフかな？

（Joseph らしき人物に近づく）

ハルカ　：こんにちは、ジョセフ！

ジョセフ：おお。やあ、ハルカ。ここで何しているの？

ハルカ　：絵を描（か）きに来たの。絵本コンテストに出たいから、絵本を作っているのよ。

ジョセフ：絵本！ それはすごい。

ハルカ　：あなたは？　何か書いているの？

ジョセフ：ああ、ただの物語だよ。ここへ来て書くのが好きなんだ。

語句

- **beautiful**「きれいな・美しい」ビューティフル
- **hmm**「ん？・あれ？」フム
- **Whoa.**「わあ」ホウ
- **What are you doing?**
  「あなたは何をしているのですか？」ワット アー ユー ドゥーイング

  相手に「今現在何をしているのか」をたずねるときに使う表現です。What are you の部分が「ワット アー ユー」ではなくつながって「ワダユ」のように発音されることもあります。
- **here**「ここで」ヒア
- **came**「来た」(come「来る」の過去形) ケイム
- **draw**「(絵を) 描く」ドゥロー
- **want to ～**「～したい」ワント トゥー(ワントゥー)
- **enter**「参加する」エンタ
- **a picture book contest**「絵本のコンテスト」ア ピクチャ ブク カンテスト
- **so**「だから」ソウ

  so には「そう・とても」という意味（13・55ページ）と、さらに今回の「だから」という意味があり、使いかたも異なります。
- **making**「be making で“作っている”」(make「作る」の -ing 形) メイキング
- **That's amazing.**「それはすごいですね！」ザッツ アメイズィング

  「おどろき」を表すときに使う表現です。amazing は「びっくりさせるような」という意味で、ここでは「(びっくりさせるくらい) すごい」ということです。
- **How about you?**「あなたはどうですか？」ハウ アバウト ユー

  相手に「あなたはどう？」と聞き返すときに使う表現です。you を強く読みます。実際の会話では「ハウアバウチュ」のように発音されます。日常会話でめちゃくちゃ便利な表現です。
- **writing**「be writing で“書いている”」(write「書く」の -ing 形) ウライティング
- **something**「何か」サムスィング
- **just**「ただの」ヂャスト
- **story**「物語」ストーリ
- **like to ～**「～するのが好きだ」ライク トゥ

  「好きな動作」を伝えるときに役立つ表現で、～の部分には「動作を表すことば (動詞)」がきます。

Lesson 7 注文する、値段をたずねる

このLessonのゴール

- お店での注文や、お店の人とのやりとりができる

大切な文

How much is a double cheeseburger?
ダブルチーズバーガーはいくらですか？

▶ how much で「値段（ねだん）」をたずねる

「いくらですか？」と**「値段」をたずねるときは、how much を使います**。how much で1つのカタマリだと考えてください。

A double cheeseburger is 410 yen.「ダブルチーズバーガーは410円です」という文で、もし値段がわからないときは、まずはたずねる文（Is a double cheeseburger 410 yen?）にします。次にたずねたいところ（今回は「値段」の部分 =410 yen）を how much にして文の先頭に移動させれば完成です。

ふつうの文

A double cheeseburger is 410 yen.
「ダブルチーズバーガーは410円です」

たずねる文

Is a double cheeseburger [410 yen] ?
「ダブルチーズバーガーは410円ですか？」

たずねる文

[How much] is a double cheeseburger?
「ダブルチーズバーガーはいくらですか？」

ちなみにhowは「どれくらい」、muchは「たくさん」が本来の意味で、how much「どれくらいたくさん（のお金）」→「いくら」となりました。

▶ 金額を答えるときは "It is 金額 + 単位 "

How much ～？に答える文として "It is 金額 + 単位 ." の形を使います。It isの部分はIt'sのように短縮形（たんしゅくけい）を使ってもOKです。金額を英文で書くときは「数字」を使うことが多いので、しっかり読める、言えるようにしておきましょう（77ページのステップアップを参照してください）。

また、「円（yen）」や「ドル（dollar）」などの単位を表す単語のつけ忘れに注意です。

yenは2円以上でもyenのままですが、dollar「ドル」は、2ドル以上になるとdollarsとsをつけます。

大切な文

7-3

I'd like a double cheeseburger and a small iced tea.

ダブルチーズバーガーとスモールサイズのアイスティーをください。

▶ "I'd like ～." の形で注文する

"I'd like ものの名前 ." で「～がほしい」 という意味で、お店で注文するときなどは「～をください」という訳になります。この I'd like の後に、ほしいものを続ければ注文することができます。

I'd like ものの名前 .

↓

I'd like a double cheeseburger and a small iced tea .

▶ want よりもていねいな表現

want も「ほしい」という意味ですが、**I'd like ～. を使ったほうがよりていねいな言い方**になります。I'd は I would の短縮形で、この would を使うと、「もし可能なら」というニュアンスが出るため、want よりもていねいな言いかたになるわけです。

実際に注文するときに I want ～. を使っても通じますが、みなさんは I'd like ～. を使っててていねいに注文できるようにしてください。

Lesson 7 注文する、値段をたずねる

単語や語句を確認しよう

Hi. 「こんにちは」

ハイ

Can I help you? 「いらっしゃいませ」

キャン アイ ヘルプ ユー

店員がお客に声をかけるときに使う表現です。直訳は「(あなたのお買い物を) お手伝いしてもよろしいでしょうか？」です。最初に How をつけて、How can I help you? と言うこともあります。「キャン アイ (can I)」の部分がつながって「キャナイ」のように発音されることが多いです。

how much 「いくら」

ハウ マッチ

a double cheeseburger 「ダブルチーズバーガー」

ア ダブル チーズバーガー

I'd like ～ . 「～をください」

アイドゥ ライク

small 「スモールサイズの」

スモール

iced tea 「アイスティー」

アイストゥ ティ

ゆっくり発音すると「アイストゥ ティ」ですが、iced の d の部分は読まれることはほとんどありません。日本語と同じように「アイスティー」と聞こえることが多いです。

\ステップアップ/

買い物や注文するときなど、「いくつ」なのかをしっかり言えるよう、数字の読みかたを覚えておきましょう。

1	**one** ワン	11	**eleven** イレヴン	30	**thirty** サーティ
2	**two** トゥー	12	**twelve** トゥエルヴ	40	**forty** フォーティ
3	**three** スリー	13	**thirteen** サーティーン	50	**fifty** フィフティ
4	**four** フォー	14	**fourteen** フォーティーン	60	**sixty** スィクスティ
5	**five** ファイヴ	15	**fifteen** フィフティーン	70	**seventy** セヴンティ
6	**six** スィクス	16	**sixteen** スィックスティーン	80	**eighty** エイティ
7	**seven** セヴン	17	**seventeen** セヴンティーン	90	**ninety** ナインティ
8	**eight** エイト	18	**eighteen** エイティーン	100	**hundred** ハンドレッド
9	**nine** ナイン	19	**nineteen** ナインティーン	1000	**thousand** サウザンド
10	**ten** テン	20	**twenty** トウェンティ		

one cat

two cats

three cats

one strawberry

two strawberries

three strawberries

\ 基本の英会話を身につけよう /

ジョセフがハルカと向かった公園の近くのファストフード店で注文している場面です。

Man : Hi. Can I help you? ⋯⋯ 1

Joseph : **How much is a double cheeseburger?** ⋯⋯ 2

Man : **It is 410 yen.** ⋯⋯ 3

Joseph : OK. **I'd like** a double cheeseburger and a small iced tea. ⋯⋯ 4

わからなかった単語は76ページや辞書で確認してみましょう。英文を何度か読んで、文の意味を考え、わからないところにはえんぴつで線を引いておきましょう。

日本語訳と解説

1 男性：こんにちは。いらっしゃいませ。

Can I help you? はお店の人が客に向けて声をかけるときに使う表現です。日本語の「いらっしゃいませ」のイメージです。

2 ジョセフ：ダブルチーズバーガーはいくらですか？

how much「いくら」を使って「値段」をたずねています。

3 男性：410円です。

It「それ」は a double cheeseburger のことです。410 yen は "four hundred ten yen" と読みます。

4 ジョセフ：わかりました。ダブルチーズバーガー 1つとスモールサイズのアイスティーをください。

"I'd like [ものの名前]." を使って注文しています。

"自然な"日本語訳

1 男性　：こんにちは。いらっしゃいませ。
2 ジョセフ：ダブルチーズバーガーはいくらですか？
3 男性　：410円です。
4 ジョセフ：じゃあ、ダブルチーズバーガーと
　　　　　Sサイズのアイスティーをください。

練習問題

1 次の日本語に合う英文になるように［　］内の語を並べかえましょう。
文頭にくるものも［　］内では小文字になっています。

(1) それはいくらですか？
［ much / it / is / how / ? ］

(2) 500円です。
［ yen / is / 500 / it / . ］

(3) フライドポテトをください。
［ like / French fries / I'd / . ］

2 次の値段（ねだん）の読みかたを英語で書きましょう。

(1) 14 dollars
(　　　　　　) dollars

(2) 70 dollars
(　　　　　　) dollars

(3) 250 yen
(　　　　　　　　　　　　) yen

7-7

1

(1) 答え：**How much is it ?**

解説：「いくら」と値段をたずねるときは how much を使い、“How much is ものの名前 ?” の形にします。

(2) 答え：**It is 500 yen.**

解説：値段を聞かれたら “It is 金額 + 単位.” で答えます。今回の単位は「円」なので、“500 yen” とします。また、It is は It's と短縮形(たんしゅくけい)が使われることもあります。

(3) 答え：**I'd like French fries.**

解説：注文するとき「～をください」と言うときは “I'd like ものの名前.” の形を使います。

2

(1) 答え：**(fourteen) dollars**

解説：fourteen は teen のところを強く読みます。また、fourteen（14）と forty（40）のちがい（fourteen は u がある）もしっかり確認してください。

(2) 答え：**(seventy) dollars**

解説：“70” は seventy と読みます。seventeen（17）とまちがえないように注意してください。

(3) 答え：**(two hundred fifty) yen**

解説：250は200と50にわけて読みます。200は two hundred、50は fifty です。

\ネイティブの英会話をのぞいてみよう /

ハルカとジョセフが公園の近くのファストフード店へ行った場面です。

Man : Hi. **Can I help you?**

Joseph : **How much is** a double cheeseburger?

Man : **It is 410 yen.**

Joseph : OK. **I'd like** a double cheeseburger and a small iced tea.

Man : Sure. Anything else?

Joseph : No, thank you.

Man : That'll be 650 yen.

（お金を渡す）

Man : Here's your change. You can pick up your order over there.

Joseph : Thank you.

Man : Thank you. Have a nice day. I can help the next person!

（Harukaも注文を終えて席につく）

Joseph : Can you tell me more about the picture book contest?

Haruka : It's a contest for elementary school students. You write a picture book about your favorite season.

Joseph : Do you already have a story?

Haruka : Actually, not yet. I'm not good at writing stories.

Joseph : Can we perhaps make a picture book together? I'll write the story.
Haruka : Sure! That would be great.

日本語訳

男性 :こんにちは。いらっしゃいませ。
ジョセフ:ダブルチーズバーガーはいくらですか？
男性 :410円になります。
ジョセフ:わかりました。ダブルチーズバーガーとスモールサイズのアイスティーをお願いします。
男性 :わかりました。ほかに何かありますか？
ジョセフ:いいえ、けっこうです。
男性 :全部で650円です。
(お金を渡す)
男性 :おつりです。商品は向こうでお受け取りください。
ジョセフ:どうもありがとう。
男性 :ありがとうございました。良い１日を。次の方どうぞ！
(Haruka も注文を終えて席に着く)
ジョセフ:絵本コンテストについて(ぼくに)もっと教えてくれる？
ハルカ :小学生のコンテストなの。好きな季節について絵本を書くのよ。
ジョセフ:もうストーリーはできているの？
ハルカ :実はまだなの。(私は)ストーリーを書くのがうまくなくて。
ジョセフ:もしかしていっしょに書けるんじゃないかな？
ぼくがストーリーを書くよ。
ハルカ :いいわよ！　それはいいね。

Lesson 7 注文する、値段をたずねる

語句

・**Sure.**「わかりました」シュア

・**Anything else?**「ほかに何かありますか？」エニスィング エルス

海外のお店でよく聞かれます。

・**No, thank you.**「いいえ、けっこうです」ノウ サンク ユー

何かをすすめられたとき、それを断るときに単にNo「いいえ」とだけ言うのではなく、thank you「ありがとう」をつけて、ていねいに言うのが英語の世界ではマナーです。

・**Here is ～.**「(こちらが) ～です」ヒア イズ

hereは「ここに」、isは「ある」の意味で、Here is ～. で「ここに～があります」→「こちらが～です」となります。会話文ではHere isが短縮（たんしゅく）されてHere'sとなっています。

・**change**「おつり」チェインジ

もともとは「変化」という意味で日本語でも「変わること」を「チェンジ」と言いますね。「お札で支払ったものが小銭（こぜに）に変化して返ってくるもの」→「おつり」と考えてみてください。ちなみに発音は「チェンジ」ではなく「チェインジ」です。

・**pick up**「受け取る」ピック アプ

・**order**「注文」オーダ

・**over there**「あちら」オウヴァ ゼア

・**Have a nice day.**「良い１日を」ハヴ ア ナイス デイ

だれかと別れるときのあいさつとしてよく使う表現です。

・**I can help the next person!**「次の方どうぞ！」アイ キャン ヘルプ ザ ネクスト パースン

レジなどで仕事をしているお店の人が言うことばです。直訳は「私は次の人を手伝うことができますよ」で、そこから「次の方どうぞ」となりました。

・**Can you ～?**「～してくれますか？」キャン ユー（キャニュー）

・**tell**「教える」テル

- **more**「もっと」モー
- **about**「〜について」アバウト
- **elementary school**「小学校」エレメンタリ スクール

　❗「初歩の（elementary）学校（school）」→「小学校」です。

- **student(s)**「生徒」ステューデント(ツ)
- **write**「書く」ウライト
- **favorite**「いちばん好きな・お気に入りの」フェイヴァリット
- **season**「季節」スィーズン

　❗日本語では「シーズン」ですが、英語では「スィーズン」と発音します。

- **already**「すでに」オールレディ
- **actually**「実は」アクチュアリ

　❗大事なことを言う前に使う単語です。「言ってなかったんだけど実は…」というイメージです。

- **not yet**「まだ〜ない」ナット イエット
- **be good at -ing**「〜するのが得意だ」ビー グド アット
- **perhaps**「たぶん」パハプス
- **together**「いっしょに」トゥゲザ
- **That would be great.**「それはいいですね」ザット ウド ビ グレイト

Lesson 8 日常生活

このLessonのゴール

- 日常生活について伝えることができる

大切な文

What do you do after school?
あなたは放課後、何をしますか？

▶「何をするか？」を聞くときはwhatとdoの組み合わせを使う

「放課後、何をしますか？」とたずねるとき、どのように言えばよいか考えてみましょう。
　たとえば、I play soccer after school.「私は放課後、サッカーをします」という文を、たずねる文に変えます。文の先頭にDoを置き、I「私は」をyou「あなたは」に変えます。
　次にwhat「何」を文の先頭に置き、play soccerの部分を「する」という意味のdoに変えます。「サッカーをする」の部分を「何をする？」に変えるので、play soccerがwhatとdoにわかれるイメージです（このdoはたずねる文を作るためのdoではなく、「する」という意味のdoです）。このように**doには2種類の働きがあるんです。**

ふつうの文 **I play soccer after school.**

「私は放課後、サッカーをします」

たずねる文 **Do you play soccer after school?**

「あなたは放課後、サッカーをしますか？」

たずねる文 **What do you do after school?**

「あなたは放課後、何をしますか？」

たずねる文の do　「する」の意味の do

大切な文

8-2

I usually do my homework.

私はたいてい宿題をします。

▶ 日常の行動を説明するときは usually「たいてい」を使おう！

「日常の行動」を説明するとき、日本語でも「たいてい～するよ」のように言いますよね。この **「たいてい」を表すのが usually です**（「ィユージュアリ」のように発音します）。

この単語は原則として「動作を表す単語（動詞）の前に置く」と覚えてください（細かい例外はありますが、ここでは気にしなくて大丈夫です）。

ちなみにこの do は「～する」という意味です。

▶ usually の仲間の単語

usually「ふつう・たいてい」のような「頻度（繰り返す度合い）」を表す単語には次のようなものがあります。まとめてチェックしておきましょう。

上から頻度が高く、下へいくほど頻度が低くなります（パーセントは目安です）。

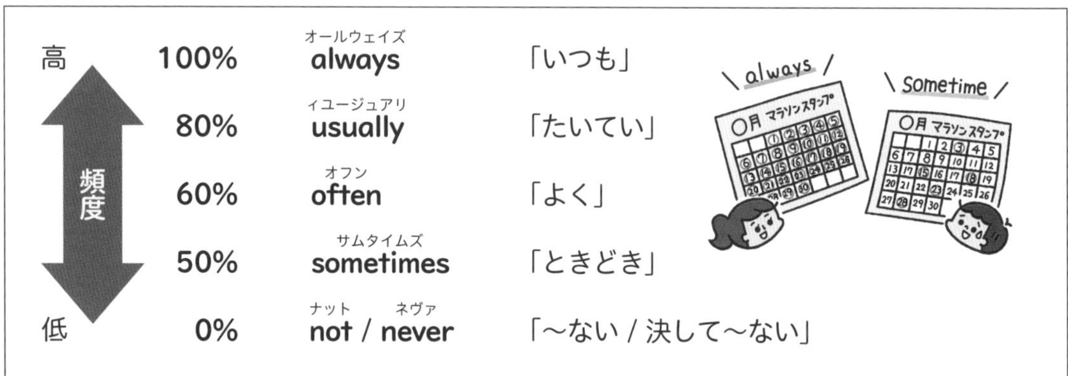

頻度				
高	100%	オールウェイズ	always	「いつも」
	80%	イユージュアリ	usually	「たいてい」
	60%	オフン	often	「よく」
	50%	サムタイムズ	sometimes	「ときどき」
低	0%	ナット / ネヴァ	not / never	「〜ない / 決して〜ない」

＼ステップアップ／

日常の行動

［ 学校へ行く前 ］

- □ **get up**「起きる」
- □ **wash my face**「顔を洗う」
- □ **go to school**「学校へ行く」
- □ **brush my teeth**「歯をみがく」
- □ **eat breakfast**「朝食を食べる」
- □ **take out the garbage**「ゴミを出す」

［ 学校から帰宅後 ］

- □ **do my homework**「宿題をする」
- □ **play with my friends**「友だちと遊ぶ」
- □ **wash the dishes**「皿を洗う」
- □ **play video games**「テレビゲームをする」
- □ **play the piano**「ピアノを弾く」
- □ **use a computer**「コンピューターを使う」
- □ **read books**「本を読む」
- □ **watch TV**「テレビを見る」
- □ **walk my dog**「犬を散歩に連れていく」
- □ **take a bath**「お風呂に入る」
- □ **go to bed**「寝る」
- □ **clean my room**「部屋をそうじする」
- □ **water the flowers**「花に水をやる」

単語や語句を確認しよう

do 「する」

ドゥ

たずねる文を作るときに使う do と、「する」という意味の do の２種類あります。

after school 「放課後」

アフタ スクール

「学校（school）の後（after）」→「放課後」となります。

usually 「たいてい」

ィユージュアリ

homework 「宿題」

ホウムワーク

「家で（home）、計算問題などのワーク（work）をする」イメージから「宿題」と覚えてください。home は「ホーム」ではなく「ホウム」と発音します。

go straight 「まっすぐに行く」

ゴウ ストレイト

それぞれ発音は「ゴー」ではなく「ゴウ」、「ストレート」ではなく「ストレイト」です。

home 「家へ」

ホウム

yeah 「そうだよ」

ィヤ

yes「はい」が少しくだけたイメージです。

\基本の英会話を身につけよう/

学校でジョセフとハルカが会話している場面です。

Joseph : **What do you do after school?** …… 1

Haruka : **I usually do my homework.** …… 2

Joseph : Do you go straight home? …… 3

Haruka : Yeah. …… 4

わからなかった単語は89ページや辞書で確認してみましょう。英文を何度か読んで、文の意味を考え、わからないところにはえんぴつで線を引いておきましょう。

日本語訳と解説

1

ジョセフ：君は放課後、何をするの？

１つ目の do はたずねる文の do、２つ目の do は「する」という意味です。What do you do? で「あなたは何をしますか？」という意味です。
ここでは after school「放課後」をつけて、「いつも放課後にすること」をたずねています。

2

ハルカ：私はたいてい宿題をします。

I usually do my homework.「たいてい宿題をします」と具体的に答えています。usually は行動を表す表現の前に置きます（ここでは do my homework「宿題をする」が行動を表す表現です）。

3 ジョセフ：君は家にまっすぐ帰るんですか？

go straight で「まっすぐに行く」、home は「家へ」という意味なので、go straight home で「まっすぐ家へ行く」→「まっすぐ帰る」となります。

4 ハルカ：うん。

“自然な”日本語訳

1 ジョセフ：放課後、何してる？
2 ハルカ　：たいてい宿題かな。
3 ジョセフ：家にまっすぐ帰るの？
4 ハルカ　：うん。

練習問題

1 次の日本語に合う英文になるように［　］内の語を並べかえましょう。
文頭にくるものも［　］内では小文字になっています。

(1) あなたは放課後、何をしますか。
［ do / do / what / after school / you / ? ］

(2) 私はたいてい宿題をします。
［ homework / do / I / usually / my / . ］

2 次の日本語に合う英語になるように（　　　）に入れるのに適切な単語をあとから選び、記号で答えましょう。

(1) 私はたいてい６時に起きます。
I usually (　　　) up at 6:00.

(2) 私はときどきピアノを弾（ひ）きます。
I sometimes (　　　) the piano.

(3) 私は放課後、いつも図書館へ行きます。
I always (　　　) to the library after school.

① eat	② get	③ walk	④ clean
⑤ do	⑥ go	⑦ play	⑧ read

8-6

1

(1) 答え：What do you do after school ?

解説：「何をしますか？」とたずねるときは What do you do ～？の形を使います。１つ目の do はたずねる文を作るときに使う do、２つ目の do は「する」という意味の do です。

(2) 答え：I usually do my homework.

解説：do my homework で「（私の）宿題をする」です。「たいてい」と「頻度（ひんど）」を表す usually はこの do my homework の前に置きます。

2

(1) 答え：②

解説：get up で「起きる」の意味です。「６時に」のように時刻を表すときは“at ～”の形で表します。

(2) 答え：⑦

解説：“play the + 楽器名”の形で「～を演奏（えんそう）する」という意味になります。また、play は「（楽器を）演奏する」のほかに「遊ぶ」、「（スポーツなど）をする」という意味でも使える便利な単語です。

(3) 答え：⑥

解説：go to the library で「図書館へ行く」という意味、after school は「放課後」です。

\ネイティブの英会話をのぞいてみよう /

翌朝、学校でハルカとジョセフが会話しているところにヴァネッサがやってくる場面です。

Joseph : Hi, Haruka! I finished writing the story for the picture book.

Haruka : Great! Can I see it later?

Joseph : Sure. **What do you do after school?**

Haruka : **I usually do my homework.**

Joseph : Do you go straight home?

Haruka : Yeah.

Joseph : OK, then can we work at your house after school?

Haruka : Sure!

Vanessa : Hi, Joseph!

Joseph : Hi, Vanessa.

Vanessa : Do you want to go to a café after school?

Joseph : Sorry, I'm going to Haruka's house.

Vanessa : Haruka's house? Why?

Joseph : We're making a picture book together.

Vanessa : Oh... OK.

日本語訳

ジョセフ　：やあ、ハルカ！（ぼくは）絵本のストーリーを書き終えたよ。

ハルカ　　：すごいわ！　あとで見てもいい？

ジョセフ　：もちろん。放課後は何をするの？

ハルカ　　：（私は）たいてい宿題をするわ。

ジョセフ　：まっすぐ帰宅するってこと？

ハルカ　　：そうよ。

ジョセフ　：わかった、じゃあ、放課後は君の家で作業をしない？

ハルカ　　：いいわよ！

ヴァネッサ：こんにちは、ジョセフ！

ジョセフ　：やあ、ヴァネッサ。

ヴァネッサ：（あなたは）放課後、カフェに行きたい？

ジョセフ　：ごめん、ハルカの家に行くことになっているんだ。

ヴァネッサ：ハルカの家？　どうして？

ジョセフ　：いっしょに絵本を作っているんだ。

ヴァネッサ：あら、わかったわ。

語句

・**finished**「終えた」(finish「終わる」の過去形) フィニシュト

・**writing**「書くこと」(write「書く」の -ing 形) ウライティング

write「書く」が -ing に変化したもので、「書くこと」という意味です。

・**story**「物語」ストーリ

・**picture book**「絵本」ピクチャ ブック

・**Great!**「いいですね!」グレイト

「すばらしい」という意味で「いいね!」と言うときに英会話でよく使います。「グレート」ではなく「グレイト」と発音します。

・**Can I ~?**「~してもいいですか?」キャン アイ

can は「~することができる」なので「私が (I) ~することができますか (can)」→「~してもいいですか?」と許可を求める表現になりました。Can と I がくっついて「キャナイ」のように発音されます。

・**see**「見る」スィー

発音は「シー」ではなく「スィー」です。

・**later**「あとで」レイタ

・**Sure.**「もちろんです」シュア

Can I see it?「見てもいいですか？」に対して「いいですよ」という意味で Sure. が使われています。実際の会話では「シュア」ではなく「シャァ」のように短く発音されることが多いです。

・**work**「作業する」ワーク

「働く」と訳されることが多いのですが、このように「作業する・取り組む」といった意味も大事です。

・**house**「家」ハウス

・**want to ～**「～したい」 ワント トゥー(ワントゥ)

・**café**「カフェ」キャフェイ

日本語では「カフェ」といいますが、英語では「キャフェイ」と発音します。

・**why**「どうして」(ホ)ワイ

「どうして？」と「理由」をたずねるときに使います。実際の会話では「ホワイ」よりも「ワイ」と発音されることが多いです。

・**together**「いっしょに」トゥゲザ

Lesson 9 行ってみたい場所

このLessonのゴール

- 自分が「行ってみたい場所」を伝えることができる

大切な文

9-1

私はフランスへ行きたいです。

▶「～したい」はwant to

「～したい」と言うときはwant to ～ を使うんでしたね（42ページ・Lesson4）。今回の大切な表現は「行きたい」ですからwant to goの形にすれば「行きたい」という意味になります。

▶ goの後ろは"to 場所"

goの後ろに、いきなり「場所」を置くことはできません。**その前に「～へ」という意味のtoをつけます。**

◎）go to France　　×）go France

I want to go to 場所. で「私は場所へ行きたいです」という意味で、場所のところに自分の行きたいところを入れて言ってみましょう。

大切な文

Where do you want to go?

あなたはどこへ行きたいですか？

▶「場所」をたずねるときはwhereを使う！

Lesson6でWhere is ～？「～はどこですか？」を学習しました（62ページ）。今回も「場所」をたずねる文なのでwhereの登場です。ただし、今回はwhereの後ろの形がちょっと異（こと）なります。

単に「～はどこですか？」と場所をたずねるときはWhere is ～？でよいのですが、今回は「どこですか？」ではなく**「どこへ行きたいですか？」**です。

たとえば、I want to go to France. のto Franceをたずねる文を考えてみましょう。

まずは語順を変えますがwant to ～をたずねる文にするときはdoを文の先頭に置きます。

次に「場所」を表すto FranceをWhere「どこ」に変えてさらに文の先頭に置けば完成です。

ふつうの文　**I want to go to France.**　「私はフランスへ行きたいです」

たずねる文　**Do you want to go to France?**　「あなたはフランスへ行きたいですか？」

たずねる文　**Where do you want to go?**　「あなたはどこへ行きたいですか？」

▶ 2 種類の Where の文

Lesson6(63ページ)に出てきた英文と今回の英文をくらべてみましょう。

〈単に場所をたずねるとき〉→ “Where is ～ ?” の形

Where is the post office? 「郵便局はどこですか？」

〈「どこへ[で]～しますか？」とたずねるとき〉→ “Where do you ～ ?” の形

Where do you want to go? 「あなたはどこへ行きたいですか？」

単に「～はどこですか？」と場所をたずねるときは、Where is ～？ の形を使います。この is は be 動詞と呼ばれ、「存在（ある)」の意味があります。つまり、「～はどこにありますか？」という意味で、そこから「～はどこですか？」となったわけです。

一方、「どこで～しますか？」のようにたずねるときは、Where の後ろには do を使ったたずねる文（do you ～の形）を続けます。

（例）

Where do you study? 「あなたはどこで勉強しますか？」

Where do you live? 「あなたはどこに住んでいますか？」

[国名を表す単語]

9-3

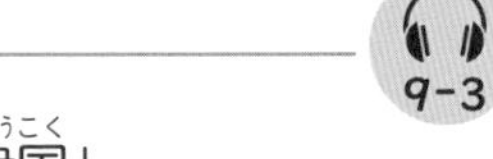

- □ **Japan**「日本」
- □ **France**「フランス」
- □ **Germany**「ドイツ」
- □ **Canada**「カナダ」
- □ **China**「中国」
- □ **the U.S.A.**「アメリカ合衆国」
- □ **the UK**「英国」
- □ **Australia**「オーストラリア」
- □ **Spain**「スペイン」
- □ **Singapore**「シンガポール」

単語や語句を確認しよう

where「どこに」

(ホ)ウェア

want to ～「～したい」

ワント トゥー(ワントゥ)

museum(s)「博物館(はくぶつかん)・美術館」

ミューズィアム(ズ)

日本語では博物館のことを「ミュージアム」と言うことがありますが、英語の museum は「ミューズィアム」のように「ズィ」の部分を強く言います。

beautiful「美しい」

ビューティフル

place(s)「場所」

プレイス(ィズ)

That's amazing!「それはすばらしいですね！」

ザッツ アメイズィング

amazing は amaze「びっくりさせる」の変化形で、意味は「びっくりさせるような」です。That's amazing! で、「それは（びっくりさせるくらい）すばらしい」ということです。

\基本の英会話を身につけよう/

ジョセフとハルカが行ってみたい場所について話している場面です。

Joseph：Where do you want to go? …… 1

Haruka：I want to go to France. …… 2

Paris has many museums and beautiful places. …… 3

Joseph：Wow, that's amazing! …… 4

日本語訳と解説

1 ジョセフ：君はどこへ行ってみたいですか？

「場所」をたずねる where「どこ」の後ろは、want to ～「～したい」を使ったたずねる文が使われています。where ではじまる文の最後は、たずねる文でも下げ調子で読みます。

2 ハルカ：私はフランスへ行きたいです。

I want to go to France. の go の後ろは "to 場所" の形が続きます。「～へ」の to を忘れないようにしましょう。

3 ハルカ：パリには博物館や美しい場所がたくさんあるの。

“場所 has ～.”の形で、「場所は～を持っている」→「場所には～があります」という意味です。今回の“～”はmany museums「たくさんの博物館」と（many）beautiful places「（たくさんの）美しい場所」がandでつながれて1つのカタマリになっています。

4 ジョセフ：おお、それはすばらしいね！

Lesson 9 行ってみたい場所

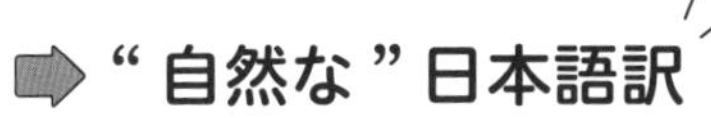

“自然な”日本語訳

1 ジョセフ：どこへ行ってみたい？

2 ハルカ　：フランスへ行きたい。

3 　　　　　パリには博物館やきれいな場所がたくさんあるから。

4 ジョセフ：おお、いいね！

練習問題

1 次の日本語に合う英文になるように［　］内の語を並べかえましょう。
文頭にくるものも［　］内では小文字になっています。

(1) 私はフランスへ行きたいです。
[　France / want / go / to / to / I / .　]

(2) あなたはどこへ行きたいですか？
[　do / go / want / where / you / to / ?　]

2 次の日本語に合う英語の文を作りましょう。

(1) 私はフランスへ行きたいです。

(2) 私はカナダへ行きたいです。

(3) 私はスペインへ行きたいです。

9-6

1

(1) 答え：I want to go to France.

解説：「～したい」は want to ～、「～へ行く」は “go to 場所” を使います。

(2) 答え：Where do you want to go ?

解説：「どこへ」を表す Where を文の先頭に置き、want to ～を使ったたずねる文を続けます。今回のようなたずねる文のときは、do を使うので忘れないようにしましょう。

2

(1) 答え：I want to go to France.

解説：「私は～へ行きたいです」と言うときは “I want to go to 場所.” の形を使います。

(2) 答え：I want to go to Canada.

解説：Canada は「カナダ」よりも「キャナダ」のイメージで読むと、きれいに発音できますよ。

(3) 答え：I want to go to Spain.

解説：Spain のつづりに注意してください。Spain です（e ではありません）。

＼ネイティブの英会話をのぞいてみよう／

ジョセフがつくったストーリーが完成してから数日後の場面です。

Haruka : Joseph, I finished drawing the pictures.

Joseph : This is beautiful!

Vanessa : Did you draw these?

Haruka : Oh, hi, Vanessa. Yeah, I drew them.

Joseph : You'll be a great artist, Haruka!

Vanessa : Are you going to go to an art school?

Haruka : Yeah. But maybe in a different country.

Joseph : **Where do you want to go?**

Haruka : **I want to go to France.** Paris has many museums and beautiful places.

Joseph : Wow, that's amazing!

Vanessa : ... Maybe I'll start drawing, too. (ボソッと)

Joseph : Hmm? Did you say something?

Vanessa : Never mind. See you later, Joseph!

日本語訳

ハルカ　：ジョセフ、(絵を)描き終わったわ。

ジョセフ　：これはきれいだね！

ヴァネッサ：君がこれを書いたの？

ハルカ　：やあ、ヴァネッサ。ええ、私が(それらを)描いたのよ。

ジョセフ　：君はすばらしい画家になるよ、ハルカ。

ヴァネッサ：(あなたは)美術の学校へ行くの？

ハルカ　：ええ。でもたぶん違う国かもしれないわ。

ジョセフ　：(君は)どこへ行ってみたい？

ハルカ　：(私は)フランスへ行きたいわ。パリには博物館やきれいな場所がたくさんあるの。

ジョセフ　：おお、それはすごいね！

ヴァネッサ：…私も絵をはじめようかしら。

ジョセフ　：ん？　何か言った？

ヴァネッサ：何でもないよ。じゃあね、ジョセフ！

語句

- **finished**「終えた」(finish「終える」の過去形) フィニシュト
- **drawing**「(絵を)描(か)くこと」(draw「(絵を)描く」の -ing形)
  ドゥローウィング

! draw「(絵を) 描く」が -ing のついた形に変化して「(絵を) 描くこと」となりました。

- **picture(s)**「絵」ピクチャ(ズ)
- **draw**「(絵を) 描く」ドゥロー

! 発音は「ドゥロウ」ではなく「ドゥロー」です。draw は「(絵を) 描く」ときに使いますが、「(文字などを) 書く」ときは write を使います。

- **these**「これら」ズィーズ
- **them**「それらを」ゼム
- **great**「すごい」グレイト

! 「グレート」ではなく「グレイト」のように発音します。

- **artist**「芸術家」アーティスト

! art「芸術」に「人」を意味する -ist をつけて artist「芸術家」となります。

- **maybe**「ひょっとしたら」メイビ
- **different**「異(こと)なった」ディファレント
- **country**「国」カントゥリ
- **start**「はじめる」スタート
- **too**「～も」トゥー

相手の発言を受けて「～も」というときは文の最後に too をつけます。英会話では「私も」と言うときに Me, too. と言ったりします。

- **Hmm**「ん？・あれ？」フム
- **say**「言う」セイ
- **something**「何か」サムスィング
- **Never mind.**「気にしないで・何でもないよ」ネヴァ マインド

日本語では「気にしないでください」というときに「ドンマイ」と言います。これは Don't mind. ということになっていますが、実は英語の世界では Don't mind. という言いかたはありません。実際は Never mind. です。

- **See you later.**「あとで会いましょう」スィー ユー レイタ

別れぎわのあいさつとしてよく使われる表現です。

Lesson 10 私のヒーロー

このLessonのゴール

- 自分があこがれている人を紹介(しょうかい)できる

大切な文

Who is your hero?
あなたのヒーローはだれですか？

▶ whoを使ったたずねる文をマスターしよう！

「だれ？」とたずねるときはwho（発音は「フー」）を使います。

たとえば、My hero is Shohei.「私のヒーローはショウヘイです」のShoheiの部分をたずねたいとします。まず、たずねる文の語順に変え（isを文の先頭に出します）、そのあと、Shoheiをwhoに置きかえて文の先頭に持ってくればLesson10の大切な文の完成です。

ふつうの文　**My hero is Shohei.**「私のヒーローはショウヘイです」

たずねる文　**Is your hero Shohei?**「あなたのヒーローはショウヘイですか？」

たずねる文　**Who is your hero?**「あなたのヒーローはだれですか？」

大切な文

He is a famous writer.
彼は有名な作家です。

▶「人」を説明するときに使う he や she

人を説明するときは次のような表現を使って説明します。

・He is ～．　彼は～です。

・She is ～．　彼女は～です。

he は「ヒー」、she は「シー」と発音します。he は男性、she は女性について説明するときに使い、**is は「～です」という意味です。**

たとえば、大切な文のように He is a famous writer. は“～”に a famous writer がきているので、「彼は有名な作家です」という意味になります。単に「彼は有名です」と言いたいときは、He is famous. とすることもできます。

このheやsheは「代名詞（だいめいし）」と呼ばれ、人などの名前を表す単語（名詞）のくり返しを避（さ）けるために、名詞（めいし）の代わりに使われる単語なんです。

▶紹介するときは this「これは・こちらは」を使う

This is ～．で「これは～です・こちらは～です」という意味です。 this は「もの」を紹介するときは「これは」、「人」を紹介するときは「こちらは」という訳になります。

（例）

This is a ball.　　これはボールです。（ものを紹介する文）

This is Mr. Kimura.　　こちらはキムラさんです。（人を紹介する文）

Lesson 10 私のヒーロー

単語や語句を確認しよう

who「だれ」

フー

hero「ヒーロー」

ヒーロウ

日本語では「ヒーロー」ですが、英語は「ヒーロウ」と発音します。
必ずしも「英雄（えいゆう）」という大げさな意味とは限らず、「あこがれの人」くらいで使えます。

he「彼は」

ヒー

He is ～.「彼は～です」は、He's ～. のように短縮形（たんしゅくけい）を使うこともあります。

famous「有名な」

フェイマス

writer「作家」

ゥライタ

write「書く」に「人」を意味するerがついて「書く人」→「作家・ライター」となりました。

\基本の英会話を身につけよう/

あこがれの人について話している場面です。

Haruka：**Who is your hero?** …… ①

Joseph：My hero? Hmm... my hero is Louis Sachar. He is a famous writer. …… ②

わからなかった単語は112ページや辞書で確認してみましょう。英文を何度か読んで、文の意味を考え、わからないところにはえんぴつで線を引いておきましょう。

日本語訳と解説

① ハルカ：あなたのヒーローはだれですか？

Who is の部分は Who's（発音は「フーズ」）と短縮形（たんしゅくけい）が使われることもあります。

② ジョセフ：ぼくのヒーロー？　う〜ん、ぼくのヒーローはルイス・サッカーかな。彼は有名な作家なんだ。

Who is your hero? に対して、My hero is 〜.「私のヒーローは〜です」の形で答えています。さらに He is 〜.「彼は〜です」の形でその人物を説明しています。このHe は直前の Louis Sachar のことです。途中（とちゅう）に出てくる Hmm... は、少し考えるときなど、間をつなぐときに使います。

➡"自然な"日本語訳

① ハルカ　：君のヒーローってだれ？

② ジョセフ：ぼくのヒーロー？　う〜ん、ルイス・サッカーかな。有名な作家なんだ。

練習問題

1 次の日本語に合う英文になるように［　］内の語を並べかえましょう。
文頭にくるものも［　］内では小文字になっています。

(1) あなたのヒーローはだれですか？
［ hero / is / your / who / ? ］

(2) 彼は有名な歌手です。
［ famous / is / singer / a / he / . ］

(3) こちらはハシモトさんです。
［ is / Mr. Hashimoto / this / . ］

2 次の日本語に合う英語になるように（　　　）に入れるのに適する英語を入れましょう。

(1) 彼は野球選手です。
（　　　）（　　　） a baseball player.

(2) 彼女は有名なピアニストです。
（　　　）（　　　） a famous pianist.

(3) これは箱です。
（　　　）（　　　） a box.

1 10-5

(1) 答え：Who is your hero ?

解説：「～はだれですか？」は“Who is ～ ?”の形を使います。

(2) 答え：He is a famous singer.

解説：「彼は～です」は“He is ～ .”で、男性を紹介(しょうかい)したり説明したりするときに使います。女性を紹介したり説明したりするときは“She is ～ .”を使います。

(3) 答え：This is Mr. Hashimoto.

解説：「こちらは～です」のように「人」を紹介するときは、“This is ～ .”を使います。男性には Mr.、女性には Ms. などをつけます。Mr. も Ms. も「～さん・～先生」などの意味です。

2

(1) 答え：He is

解説：男性について「彼は～です」と説明するときは、“He is ～ .”の形を使います。

(2) 答え：She is

解説：女性について「彼女は～です」と説明するときは、“She is ～ .”の形を使います。

(3) 答え：This is

解説：「これは～です」とものを紹介するときは“This is ～.”を使います。この“This is ～ .”は人を紹介するときにも使え、その場合「こちらは～です」の意味になります。

\ネイティブの英会話をのぞいてみよう /

絵本が完成して数か月後の学校での会話です。

Haruka : Joseph! Did you see the results? Our picture book won third place!

Joseph : I saw it! I'm so happy!

Haruka : Me, too. Hey, can I ask you something?

Joseph : Sure.

Haruka : You wrote about a "New Year's hero" in the picture book. **Who is your hero?**

Joseph : My hero? Hmm... my hero is Louis Sachar.

Haruka : Why is he your hero?

Joseph : **He is a famous writer.** I like the characters in his books. I want to be a writer like him.

Haruka : You'll definitely be a great writer!

Joseph : Thanks. And you'll definitely be a great artist!

Haruka : Someday, let's make a picture book together again!

日本語訳

ハルカ　：ジョセフ！　結果を見た？　(私たちの)絵本が3位になったわ！

ジョセフ：見たよ！　とてもうれしいよ！

ハルカ　：私もよ。ねえ、(あなたに)質問してもいい？

ジョセフ：もちろん。

ハルカ　：(あなたは)絵本の中で「新年のヒーロー」について書いてたよね。あなたのヒーローはだれ？

ジョセフ：ぼくのヒーロー？　う～ん…(ぼくの)ヒーローはルイス・サッカーかな。

ハルカ　：なぜ(彼はあなたの)ヒーローなの？

ジョセフ：(彼は)有名な作家なんだ。ぼくは彼の本に出てくるキャラクターが好きなんだ。(ぼくは)彼みたいな作家になりたいな。

ハルカ　：(あなたは)きっとすばらしい作家になれるわ！

ジョセフ：ありがとう。君もきっとすばらしい画家になるよ！

ハルカ　：いつか、またいっしょに絵本を作りましょう！

語句

・**see**「見る」スィー

・**result(s)**「結果」リザルト(ツ)

・**won**「勝ち取った」(win「勝ち取る」の過去形）ワン

数字の one の発音と同じです。
ちなみに win は「勝つ」と習うことが多いのですが、今回の会話に出てきたように win third place「３位を勝ち取る」のように使うことが多いので、「勝つ」よりも「勝ち取る」で覚えてください。

・**third place**「３位」サード プレイス

「３番目の（third）場所（place)」→「３位」です。win「勝ち取る」とセットで win third place で「３位を勝ち取る・３位になる」という意味です。

・**saw**「見た」(see「見る」の過去形）ソー

see「見る」(発音は「スィー」）の過去形です。

・**so**「とても」ソウ

発音は「ソウ」です（１つ前の単語 saw は「ソー」とのばすので注意してください)。次の happy とセットで so happy「とてもうれしい」のように使います。so を使うと気持ちがこもった表現になります。

・**happy**「うれしい」ハピ

・**Me, too.**「私もです」ミー トゥ

too は「〜も」という意味です。

・**Can I 〜？**「〜してもいいですか？」キャン アイ

直訳は「私は〜することができますか？」→「(私が) 〜してもいいですか？」と許可を求める表現です。can と I がくっついて「キャナイ」のように発音されます。

・**ask**「聞く・たずねる」アスク

・**something**「何か」サムスィング

・**Sure.**「もちろんです」シュア

- **wrote**「書いた」(write「書く」の過去形) ウロウト

- **about**「～について」 アバウト

- **why**「なぜ」 ワイ

- **like**「好きだ・～のような」 ライク

「好きだ」の意味が有名ですが、like Shohei「ショウヘイのように」と、後ろの名詞(めいし)とセットにして「～のように・～のような」という意味でもよく使われます。同じ単語なのに使い方や意味がまったく異(こと)なる単語なんです。

- **character(s)**「登場人物・キャラクター」 キャラクタ(ズ)

日本語では「個性」や「性格」の意味で使われますが、英語では「登場人物」という意味です。「キャラクター」と訳されることもありますが、あくまでも「登場人物としてのキャラクター」の意味です。

- **want to ～**「～したい」 ワント トゥ(ワントゥ)

- **definitely**「きっと・絶対に」 デフェネトリ

つづりも発音もむずかしい単語で、大学入試レベルですが、実はネイティブの小学生の会話でも自然に使われる単語なんですよ。

- **great**「すばらしい」 グレイト

- **Thanks.**「ありがとう」 サンクス

- **someday**「いつか」 サムデイ

- **let's ～**「～しましょう」 レッツ

Let's ～. の形で「～しましょう」と相手を誘(さそ)うときに使う表現です。今回はmake「作る」という単語が続いているので、「(いっしょに) 作りましょう」と誘っているわけです。

- **together**「いっしょに」 トゥゲザ

- **again**「また・再(ふたた)び」 アゲン

Lesson 10 私のヒーロー

アルファベットを書いてみよう！

アルファベット…英語で使われる文字で、全部で26文字あります。
大文字…文の最初、人の名前・地名、曜日や月名の最初の文字に使います。
小文字…大文字以外の文字に使われます。英文を書くときのメインになるのが小文字です。

アルファベット						読みかた
大文字			小文字			
活字体	ブロック体	筆記体	活字体	ブロック体	筆記体	
A	A	A	a	a	a	[éi] エイ
B	B	B	b	b	b	[bíː] ビー
C	C	C	c	c	c	[síː] スィー
D	D	D	d	d	d	[díː] ディー
E	E	E	e	e	e	[íː] イー
F	F	F	f	f	f	[éf] エフ
G	G	G	g	g	g	[dʒíː] ヂー
H	H	H	h	h	h	[éitʃ] エイチ
I	I	I	i	i	i	[ái] アイ
J	J	J	j	j	j	[dʒéi] ヂェイ
K	K	K	k	k	k	[kéi] ケイ
L	L	L	l	l	l	[él] エル
M	M	M	m	m	m	[ém] エム

活字体…印刷物などに使う文字の形のことです。文字を自分で書くときには使いません。特に小文字の a や g は、ブロック体と比べてかなり形が異なるので注意してください。
ブロック体…1字ずつはっきり書くときに使います。学校で勉強するときによく使います。自分が書くときはこちらがメインになります。
筆記体…文字を続けて書くためにブロック体をくずした形です。テストで出るわけではありませんが、興味がある人は書いてみてください。自分の名前だけでも筆記体で書けるとカッコイイですよ。
書き順…アルファベットの「正しい書き順」は実は決まっていません。ハッキリ読めるように書ければ OK です。

アルファベット						読みかた
大文字			小文字			
活字体	ブロック体	筆記体	活字体	ブロック体	筆記体	
N	N	N	n	n	n	[én] エン
O	O	O	o	o	o	[óu] オウ
P	P	P	p	p	p	[pí:] ピー
Q	Q	Q	q	q	q	[kjú:] キュー
R	R	R	r	r	r	[á:r] アー
S	S	S	s	s	s	[és] エス
T	T	T	t	t	t	[tí:] ティー
U	U	U	u	u	u	[jú:] ユー
V	V	V	v	v	v	[ví:] ヴィー
W	W	W	w	w	w	[dʌblju:] ダブリュー
X	X	X	x	x	x	[éks] エクス
Y	Y	Y	y	y	y	[wái] ワイ
Z	Z	Z	z	z	z	[zí:] ズィー

著者紹介

関　正生（せき・まさお）

◉――英語講師・語学書作家。1975年生まれ。埼玉県立浦和高校、慶應義塾大学文学部（英米文学専攻）卒業。

◉――リクルートが運営するオンライン予備校「スタディサプリ」で、毎年全国の小中高生・大学受験生130万人以上に授業を行う。また、YouTubeの授業サンプル動画再生回数は、累計で約1400万回にのぼる（2020年7月現在）。

◉――「250人が入る教室が満席に」「朝6時から授業の整理券配布」「講座に立ち見が出た」「1日に200名×6講座すべて満席」など、授業のわかりやすさで圧倒的な人気を誇る。

◉――英語が苦手な生徒には、つまずきの原因をはっきりさせてからアプローチすることで、英語が「できる」だけでなく、「好きになる」ように指導。英語が得意な生徒には、暗記するだけでは到達できない問題の解法と、圧倒的に効率のいい「英語の考えかた」を導く。さらに東大をはじめとする超難関大学の志望者には、英語の読みかたから答案の書きあげかたまで、独自の方法論を指南。英語初級者〜上級者まで、多くの生徒に支持されている。

◉――『中学校３年間の英単語が１ヵ月で1000語覚えられる本』（かんき出版）、『カラー改訂版　世界一わかりやすい英文法の授業』（KADOKAWA）、『サバイバル英文法』（NHK出版新書）など、手がけた著書は100冊以上。現在、NHKラジオ講座『基礎英語３』や『CNN ENGLISH EXPRESS』でコラムを連載中。

◉――本書は、著者が25年以上の指導経験で導き出した「英語の本質のつかみかた」について、初めて小学生向けに解説したもの。

小学校５年生の英語が１冊でしっかりわかる本

2020年９月７日　第１刷発行
2024年５月28日　第２刷発行

著　者――関　正生
発行者――齊藤　龍男
発行所――株式会社かんき出版
東京都千代田区麴町4-1-4 西脇ビル　〒102-0083
電話　営業部：03(3262)8011㈹　編集部：03(3262)8012㈹
FAX　03(3234)4421　振替　00100-2-62304
https://www.kanki-pub.co.jp/

印刷所――シナノ書籍印刷株式会社

 ISBN978-4-7612-3010-4 C6082

・執筆協力
渡辺萌香
・カバーデザイン
ISSHIKI
・本文デザイン
二ノ宮　匡（ニクスインク）
・DTP
㈱フォレスト
・イラスト
まつむらあきひろ
・音声収録
ELEC
・ナレーション
ドミニク・アレン
ハワード・コルフィールド
ビアンカ・アレン
ジェニファー・シマ
中村章吾
水月優希